자연 속의
낮은음자리표

김철교 수필집

교음사

| 작가의 말 |

나는 머무는 것을 싫어한다. 지금까지 쉼 없이 배웠고 간단없이 쏘다녔다. 대학 졸업 후 회사에서 해외시장조사를 담당하여 오지(奧地)에도 자주 갔다. 회사가 전두환 정권에 의해 공중분해 된 후에는, 박사 과정에 들어가 경영학을 전공하고, 대학에 근무하게 되면서도 국내외 여행을 즐겼다.

학부에서 영시와 영수필 공부에 매료되었고, 이후 회사에 근무하다가, 대학 강단에 서게 되면서 수필가와 시인으로 등단하였다. 경영학 교수로 정년퇴임을 한 후 바로 중앙대학교 문예창작학과에서 문학박사 과정을 밟으면서 평론가와 소설가로 등단하였다.

'내 시를 내가 그리겠다'는 욕심으로 틈틈이 그림(文人畵)을 배우다가, 아예 홍익대학교 학점은행제 과정을 졸업하여 올해에는 미술학사(동양화 전공)가 되었다. 제1회 문인화 개인전도 서울 경인미술관에서 열었다.

이러한 배경을 활용하여 쓴 수필을 한 권의 책으로 묶었다.
제1부는 고희(古稀)에 이르러 작은 농장을 가꾸면서 글을 쓰고, 그림(문인화)을 그리는 복을 누리고 있는 기록이다. 1년 동안 꽃과 나무를 돌보고 닭과 붕어를 기르며 자연의 일부가 되어 가는 기록을 담았다. 여기에 담긴 사진들은 내가 손수 기른 꽃과 나무들이다. 월간 『시문학』에 1년간 연재한 글모음이다.

제2부는 시와 그림을 통해 성경의 주요 주제를 다루었다. 학자의 관점에서보다 생활인으로서 갖게 되는 기독교에 대한 많은 논점들을 시인들의 시와 화가들의 그림을 곁들여 조명하였다. 대학교수로 근무하면서, 학원선교를 위해 신학석사 과정을 졸업했던 기록이 많은 도움이 되었다. 이 수필집을 내기 위해, 『한국기독공보』에 1년간 매월 연재했던 글을 다시 수정·보완하면서, 내가 얼마나 성경에 무지했었는가를 확인하고 부끄러웠다.

제3부는 많은 사람의 버킷리스트(Bucket List)에 들어 있는, '러시아-시베리아 횡단열차 여행'을 다녀왔던 기록을 비롯하여, 그동안 책으로 묶지 못한 여행 수필을 담았다. 나는 문학기행 묶음인 『문학의 향기를 따라』, 기독교 성지순례 등을 담은 『기독교 성지와 토속신의 무대』, 세계 60여 개의 미술관 순례기 『화폭 속에 시를 읽다』를 발간한 바 있다.

제4부에서는 그동안 문학잡지에 기고했던 예술, 특히 문학에 대한, 나의 단편적인 생각들을 모아서 정리했다.

2022년을 마무리하며 心齋園에서 김철교

김철교 수필집
‣ 차례
‣ 작가의 말

1. 자연 속의 낮은음자리표

귀거래사 흉내 내기 … 16

심재원(心齋園)의 봄 … 21

수선화가 들려주는 이야기 … 26

한 송이 시가 되는 백목련 … 30

앵두나무 우물가에 … 34

닭들의 정원, 로즈 가든(薔薇園) … 38

신화에 투영된 불로장생의 꿈 … 44

해바라기 화판(花瓣)에 촘촘한 사랑 … 48

처서 풍경, 상사화(相思花) … 53

국화와 무화과, 동서양의 조화로움 … 59

토종 동물들의 놀이터 … 65

심재원의 겨울나기 … 71

2. 그림과 시로 읽는 기독교

블레이크의 시와 그림에서 읽는 하나님 … 78

그림과 시로 그린 천국 … 82

신성과 인성의 교직(交織), 피에타 … 85

인자(人子)로 오신 하나님 … 89

가나의 혼인잔치 … 93

렘브란트와 윤동주의 예수님 … 96

고통을 치유하시는 하나님 … 99

부활과 승천을 품은 예술 … 102

죽음과 영생 … 105

연단을 통한 축복: 야곱 … 109

종교지도자의 거울: 바울 … 113

엘 그레코가 그린 「베드로의 눈물」 … 116

3. 낯선 땅 이야기

러시아-시베리아 횡단열차에 실린 보따리 … 120
 - 블라디보스토크
 - 이르쿠츠크
 - 모스크바
 - 상트페테르부르크

화진포에 핀 해당화 … 149

백사장에 그린 하트 … 152

선유도에서 쓰는 편지 … 155

솔롱고스, 예술가 마을에서 … 158

아라비아의 꿈을 찾아 … 161

4. 예술의 향기

미술과 시에 어린 키스의 향기 … 168

문학은 나의 주치의 … 174

한 폭의 그림 앞에 설 수 있는 … 176

가치는 무엇으로 결정되는가 … 179

또 다른 창작이 되는 예술작품의 차용 … 182

긍정의 시선으로 가는 길 … 186

꽃씨도둑 … 189

겨울 문턱 감나무 아래에서 … 193

청룡대에서 다져진 문학사랑 … 196

소비형 국문학도와 생산형 국문학도 이야기 … 199

내가 걷는 문학의 길 … 203

전원생활의 불편한 즐거움 … 207

1

자연 속의 낮은음자리표

귀거래사 흉내 내기

「귀거래사(歸去來辭)」는 도연명이 관직을 버리고 고향으로 돌아가면서 쓴 시다. 사람은 나이가 들면 어머니 같은 자연의 품으로 돌아가고 싶은 심정이 있게 마련이다. 피천득 선생님이 번역한 「귀거래사」의 마지막 연이 특히 내 마음에 와닿아 나도 실천해 볼 심산으로 작은 농장을 마련하고 수년째 공을 들이고 있다.

> 청명한 날 혼자서 산책을 하고
> 등나무로 만든 지팡이를 끌며
> 동산에 올라 오랫동안 휘파람을 불고
> 맑은 냇가에서 시를 짓고
> 이렇게 나는 마지막 귀향할 때까지
> 하늘의 명을 달게 받으며
> 타고난 복을 누리리라
> 거기에 무슨 의문이 있겠는가
>
> — 도연명, 「귀거래사」 중에서.

도연명은 전원 속에서 자연의 섭리에 따라 목숨이 다할 때까지 살아가겠다고 한다. 자연의 본질을 체득하고 순응하는 것이 도가(道家) 사상의 핵심이다.

사실 농장을 가꾸자면 크고 작은 일이 날마다 있어, 즐거운 마음으로 돌보지 않으면 귀찮을 수도 있다. 어떤 친구는 정년퇴임을 하고 서울 근교에 농장을 마련하고 몇 년 살다가 정리하고 다시 도심으로 돌아왔다.

어떤 문사(文士)는 서울 생활을 아예 정리하고 호기 차게 산골로 들어갔지만, 몇 년도 지나지 않아 오도 가도 못하고 고독이라는 병의 노예가 되어 그가 쓴 글을 읽어보면 측은할 정도다.

나는 나이가 들어 승용차를 운전하기 어려울 때 기차를 이용하여 두 시간 이내로 갈 수 있는 곳에 작은 농장을 마련하였다. 아무래도 다니던 병원이나 예술 관련 모임 등으로 서울에 있어야 할 일이 많아서, 30년 넘게 살아온 목동아파트를 근거지로 하지만, 가능한 많은 시간을 보낼 수 있는, 부담 없는 거리인 익산에 농장을 꾸렸다.

농장이라는 거창한 이름보다도 농가라 하면 어떨까 생각해 보았지만, 농가에 대한 사전(事典)의 설명은 '농사를 본업으로 하는 사람의 집'이라고 되어 있다. 또한, 전원주택이라 하면 그럴듯한 외양이 떠오른다. 나는 수십 년 전에 붉은 벽돌로 튼튼하게 지어졌던 집을, 사는 데 불편하지 않도록 조금 손을 보아 살고 있다. 전원주택이라는 말은 어울리지 않겠고, 농막이라 하면 어쩐지 궁색한 느낌이어서 '작은 농장'이라고 하는 것이 어울릴 것 같다. 집에 딸린 제법 넓은 텃밭에 각종 꽃과 나무와 채소를 심었다.

농장 이름은 나의 아호를 따서 '심재원(心齋園)'이라 지었다. 심재(心齋)는 『장자』를 읽다가 발견한 단어다. 정신을 청정(淸靜)하게 가다듬는 것을 말하는 것으로 도를 깨닫는 하나의 방법이다. 『장자』의 인간세(人間世) 편에 나오며, 공자와 공자의 수제자인 안회(顏回)와의 대화를 통해 제시되고 있다.

성경에도 마음이 청결한 사람이 하나님을 볼 수 있다고 한다(마태복음 5장 8절). 고금을 막론하고 사람이면 오욕칠정에 휘둘리기 마련이고, 마음을 깨끗이 비우고 싶은 것은 당연하지 싶다.

사람들이 호를 짓고, 서재 등에 어떤 명칭을 붙일 때는, 완성된 모습이 아니라, 비록 지금은 아니지만, 앞으로 나아가고 싶은 방향을 설정하고 싶은 의도가 반영된다. 내가 '심재'라 함은 이미 마음을 비웠다는 뜻이 아니라, 마음이 욕심(貪)과 분노(瞋)와 어리석음(癡)으로 가득하니 이를 청소해야겠다는 각오를 담은 것이다. 그러나 마음을 비우겠다는 노력 그 자체가 또 다른 욕심일지도 모르겠다.

나의 작은 농장 '심재원'에는 각종 꽃과 나무를 종류별로 두어 그루씩 심어, 계절마다 꽃이 피고, 열매가 익어가는 것을 볼 수 있도록 조성하였다.

봄에는 복수초를 필두로 매화와 수선화가 계절의 문을 열고 백목련과 모란이 뒤를 잇는다. 여름에는 작은 장미원에 각색 장미꽃이 흐드러진다. 가을에는 여러 가지 색깔의 국화가 주인 노릇을 하고, 겨울에는 감나무에 달린 까치밥이 겨우내 꽃을 대신한다.

과수는 원예종묘사에서 독특한 품종을 구입해 3년 전부터 심기 시작하여 작년부터 조금씩 열렸다. 올해엔 꽃이 만개한 것을 보니 탐스러운 열매가 제법 열릴 것으로 기대된다.

요즘에는 꽃과 나무의 전설을 찾아보고, 이를 대상으로 글을 쓰고, 문인화를 즐겨 그린다. 심재원에는 가장 오래된 매화가 주인 노릇을 하고 있다.

숨어 있는 하얀 향기가
우리의 얼룩진 마음을 다독이며
꿈길을 내고 있다

선비의 학문과 기개가
나뭇가지마다 배어
수백 사계(四季)를 유유자적

너저분한 백 년을 채우겠다고
안간힘을 쓰고 있는
과객들에게 내미는
하늘 정기 가득한 처방전이
다섯 개의 꽃잎에 가득

— 김철교, 「남명매(南冥梅)」 전문.

남명매는, 지리산 아래 산청군에 있는 산천재(山天齋)의 뜰에, 남명 조식(曺植, 1501~1572) 선생이 61세에 손수 심은 매화나무(南冥梅)다. 아버님께서 산천재에 들렀을 때, 같은 종류의 매화나무를 사다 심었다고 들었다.

내가 3년 전부터 이 농장을 가꾸기 시작하면서 홍매(紅梅)도 심었는데 역시 남명매만 못하다. 문인화의 단골손님인 매화는 짧은 봄날 꽃을 보기 위해 심는다. 열매는 매실청이나 매실주를 담근다

고 하지만, 아마추어 농부인 나는 그럴 엄두를 내지 못하여 그냥 정원에 떨어져 썩어 거름이 되고 있다.

  아직은 서울과 시골, 양다리 걸치기 생활을 버리지 못하고 있다. 코로나 덕에 서울 집에서 머무는 시간보다 농장에서, 나이 듦과 화해하며, 마음을 시와 화폭에 담으려고 애쓰는 시간이 점차 많아지고 있다. 분주하게 이곳저곳 뛰어다니는 것이 말년 삶에 무슨 도움이 되겠는가 싶다.

심재원(心齋園)의 봄

  시(詩)는 자연이라는 악보에, 신화를 음표로 기록한 것이 아닐까 싶다.
  분석심리학에 의하면, 우리 삶을 좌지우지하는 무의식은 집단무의식과 개인무의식으로 구성되어 있다. 집단무의식에는 민족의 역사가 응축되어 있고, 개인무의식에는 개개인의 성장 기록이 담겨 있다. 신화는 집단무의식의 알맹이라 할 수 있다.
  신화를 불러들여, '지금-여기'의 숨결을 담아 진화시켜 나가는 것이 예술가의 캔버스다. 예나 지금이나 미술도 음악도 문학도 신화의 놀이터였다. 나는 시인을 다음과 같이 정의해 보았다.

> *자연이 작곡한*
> *악보 속의*
> *낮은음자리표*
>
>   - *김철교,「시인은」전문.*

국어사전에 자연이란 '사람의 힘이 더해지지 아니하고 세상에 스스로 존재하거나 우주에 저절로 이루어지는 모든 존재나 상태'라고 정의되어 있다. 즉, 인간의 손을 타지 않은 우주 만물이다. 창조주의 손에 의해 만들어진 인간도 자연의 일부다. 로봇은 인간의 모습이어도 사람에 의해 만들어지고 운용되는 것이어서 자연이 아니다. 인간의 손에 의해 관리되는 질서는 자연이 아니요, 하나님의 섭리에 의해 관리되는 질서가 자연이다.

시인이 '자연이 작곡한/ 악보 속의/ 낮은음자리표'라는 것은, 창조주가 세상을 만들고 다스리고 있는데, 그중에 예술가는 '낮은음자리표'와 같은 존재라는 것이다. 우주 운행에 앞서서 휘젓고 다니는 존재가 아니라, 창조주의 원리에 의해 살아지는 존재다. '높은음자리표'가 중심인 음악에서, 없어서는 안 될 존재가 낮은음자리표다.

세상을 해석하는데 자연과 신화의 두 축으로 접근하는 것도 한 방법이 되겠다. 여기서 신화는 종교와 역사가 포함되는 넓은 개념이다. 자연을 무대로 펼쳐지는 인간 삶의 다양한 모습이 투영된 것이 신화라 할 수 있다. 각 민족의 신화에는 과거 발자취와 미래에 대한 꿈과 이상이 담겨 있다.

많은 예술작품이 신화와 역사를 담는 그릇이 되어왔다. 그러나 역사는 진실을 모두 담고 있지는 않다. 당시의 시대정신과 문화, 집필자의 식견 등으로 인해 왜곡된 면이 있다.

신화는 당 시대 백성의 염원과 삶의 진면목을 담고 있다. 역사를 달이고 달여서 나온 진액이 신화가 아닐까 싶다. 역사는 기록자의 색안경을 통한 표피적인 사건들의 기록이요, 민족의 신화는 온 백성들의 당시 삶의 지혜와 염원이 담긴 영혼의 기록이다.

예술가는 신화를 상상력과 창의력을 동원하여, 음으로(음악) 색으로(미술) 글로(문학) 몸으로(무용 혹은 극) 풍성하게 가꾸어오고 있다. 예술가는 작품을 통해, 신화를 '지금-여기'에서 예술가의 혼으로 재해석하고 덧붙인다. 역사가 역사가에 의해 취사선택되고 각색되듯이, 신화는 예술가에 의해 선택되어 진화하고 있다.

나는 요즘 꽃에 관한 신화에 관심이 많다. 사랑이 주제이기 때문이다. 이루지 못한 사랑이 꽃의 신화를 구성하고 있다. 못 이룬 사랑처럼 평생 가슴앓이하게 하는 것이 있을까 싶다. 인간 삶의 모든 것이 사랑으로 귀결된다. 사랑은 역사, 종교, 예술은 물론, 모든 존재의 원동력이 되고 있다.

필자의 농장에서 맨 먼저 봄을 알리는 전령인 복수초(福壽草)에도 사랑의 신화가 덧입혀 있다. 샛노란 복수초가 피면서 비로소 농장은 잠에서 깨어나게 된다. 복수초는 '행복과 장수'를 기원한다는 뜻에서 이름이 붙여진 들꽃으로, 꽃말은 '영원한 행복'과 '슬픈 추억'이다.

북해도의 전설에 의하면, 크론이라는 아름다운 여신에게 사랑하는 사람이 있었으나 아버지는 외동딸인 그녀를 용감한 땅의 용신에게 강제로 시집을 보내려고 했다. 크론은 연인과 함께 야반도주하였고, 화가 난 아버지는 딸을 찾아내어 꽃으로 만들어 버렸는데 이 꽃이 복수초다. 이들이 찾아 떠난 '영원한 행복'은 '슬픈 추억'이 되어 버렸다.

예나 지금이나 부모들은 자식들을 통해 못 이룬 꿈을 이루려 자식들의 결혼에 간여하기 마련이다. 그러기에 부모와 자식 간에

마찰이 있어 왔고, 자식들을 죽음에 이르게 한 이야기들이 적지 않다.

복수초는 영어로 아도니스(Adonis)다. 아도니스는 그리스신화에 나오는 미소년으로, 여신 아프로디테의 사랑을 받고 있었다. 아도니스는 사냥하다가 멧돼지에 물려 죽었는데, 이 멧돼지는 아프로디테의 연인 아레스신(神)이 질투하여 변신한 것이다. 미소년 아도니스가 죽으면서 흘린 피에서는 아도니스꽃(복수초)이 피어났고, 여신 아프로디테의 눈물에서는 장미꽃이 피어났다고 한다.

삼각관계는 세상살이에 문제도 일으키지만, 사랑의 동력도 되고 있다. 긴가민가한 사랑에 다른 사람이 개입하게 되면 갑자기 눈먼 사랑에 이르기도 한다.

사랑은 인간의 알파요 오메가다. 사랑은 하나님의 알파요 오메가다. 신화가 사랑 이야기로 가득한 것도 그 때문이다. 우리는 인간이기 때문에 에로스도, 아가페도 그 무게가 다르지 않다.

신화에는 참으로 많은 사랑이 꽃으로 피어나고 있다. 완벽한 사랑보다 조금은 모자란, 이루어질 듯 이루어지지 않은, 거룩하기보다는 조금은 세속적인 사랑이 예술이 되고 있다.

'영원한 행복'을 꿈꾸던 '슬픈 사랑'이 담긴 복수초(아도니스)가 피면 봄이 시작되고, 2만여 종류가 개발되고 있다는 장미가 피기 시작할 때까지 봄꽃들의 절정기다. 나의 작은 농장에서는 복수초에 뒤이어 수선화와 크로커스, 그리고 매화, 목련, 살구꽃, 자두꽃 등이 화려한 봄날 꽃잔치를 열고 있다.

> 땅속 깊이에 뜨거운 용암이 들끓듯
> 가슴에 품은 당신을 향한 나의 사랑은
> 비록 세월의 칼날에 마모되어 가도
> 해마다 얼음 사이를 뚫고 차갑도록 눈부시다
> 꿈꾸었던 '영원한 행복'은
> '슬픈 추억'으로 남는다 해도
> — 김철교, 「복수초」 (『가면무도회』, 퍼플, 2021) 전문.

수선화가 들려주는 이야기

　심재원(心齋園)에는 다섯 가지 종류의 수선화가 핀다. 내가 대학 입학한 처음 피천득 교수님 수업에서 워즈워스의 시, 「수선화」를 접했고, 오랫동안 무심코 대했던 수선화를, 더욱 주의 깊게 보며 좋아하게 되었다. 시의 기능 중 하나가 이처럼 무심했던 대상을 호출하여 의미를 부여하고 울림을 느끼게 하는 데 있는 것이 아닌가 싶다.
　이제는 특이한 수선화를 보면 꼭 구해다가 정원에 심는 버릇이 생겼다. 꽃 모양도 겹꽃 홑꽃, 큰 꽃 작은 꽃, 색깔도 하양에서부터 샛노란 사이 다양한 농담이 있다. 꽃 수술을 감싸고 있는 술잔 모양의 부화관(副花冠) 모양도 여러 가지다. 전 세계적으로 약 200여 종의 수선화가 있다고 한다.
　적지 않은 세월이 흐른 후 영국 문학기행 중에 수선화가 피어 있는 워즈워스의 고향인 호수지역(Lake District)을 방문한 적이 있다. 워즈워스의 시에 배어 있는 호수 지역은 참 아름답게 보존되어 있다. 시인이 성장한 지역은 시적 감성의 그루터기가 되어 있기에, 시인들의 시 전체를 관통하는 분위기를 형성하고 있다. 워즈워스의 시들은 호수지역이 만들어 낸 작품이다. 워즈워스가 여동생 도로시(Dorothy)와 함께 호수지역을 산책하던 추억을 떠올리며 「수선화」를 썼다는 도브코티지(Dove Cottage) 주위에는 지금도 수선화가 많이 핀다.

산골짜기 위 높이 떠도는 구름처럼
나는 외롭게 떠돌았네 그리고는 보았지
한 무리의 금빛 수선화를
호숫가 나무 아래, 바람에 가볍게 흔들리며 춤추는
꽃들은 은하수의 별들처럼 이어져
물가를 따라 한없이 줄지어 피어있었네
(중략)
그 풍경이 그 후 나에게 얼마나 소중한 것이 될 것인지
그때는 몰랐었네
때로는 쓸쓸하고 텅 빈 마음으로 있을 때,
마음속에 불현듯 수선화가 떠오르는데
이는 외로움의 축복, 내 마음은 기쁨으로 가득 차
수선화와 함께 춤을 추네

– 워즈워스, 필자역, 「수선화(Daffodils)」 부분.

이 시를 읽으면 나는 항상 외로운 기쁨에 젖는다. 피천득 선생님 첫 수업을 회상하기도 하고, 영국의 호수지역을 산책하며 도브코티지 관리인과 꽃 앞에서 찍었던 사진을 꺼내 보곤 한다. 내가 한때는 가슴속에 소중히 품었던 사람의 얼굴과 수선화가 겹치기도 한다.

워즈워스 시를 따라
달빛 내리는 호숫가에 멈추어 선다

줄지어 서 있는 수선화
그중 한 송이
달빛 먹고 피어나
눈썹 파르르 떨며
소리 없는 언어로 안겨 온다

차마 겪을 수도 없다
보일 듯 들릴 듯 노란 향기에
잠시
취했을 뿐인데

안개를 헤치며 길을 떠난 것일까
지금은 그 어디에도 없는 나의 수선화

- 김철교, 「처음 이야기」 전문.

    올해 초 신춘문예 당선 시들을 읽으며 아무런 감흥도 느끼지 못했는데, 2백여 년 전에 쓰였던 「수선화」를 읽으면 잔잔한 기쁨 속에 빠져든다. 오래오래 회자되는 클래식과 그저 유행 바람결에 흘러가 버릴, 좀스럽고 삭막한 작품의 차이는 바로 흥에 있지 않을까? 이해하기도 어려운 떨떠름한 시에서 무슨 기쁨의 단서라도 발견할 수 있을까?
    '쉽고 재미있게 울림을 주는 작품'을 쓴다는 것은 아무나 할 수 있는 게 아니다. 지성, 감성, 영성 모두를 시에 담는 것이 가장 이상적이지 않겠나 싶지만 그게 말처럼 쉽지 않다.

　수선화에 관한 신화는 나르시시즘(자기애)의 교훈을 말해주고 있다. 정상적인 사람이면 누구나 자기애(自己愛)를 어느 정도 가지고 있다. 자기애는 인간에게 과유불급이다. 청소년 시절에 필요한 자기애가, 성장한 후에도 여전히 지배적인 힘을 발휘하고 있다면, 사회에 적응하기가 쉽지 않고 심하면 정신병으로 치부된다.

　자기 자신을 사랑할 줄 알고 남을 사랑할 수 있어야 정상적이다. 자기 자신을 사랑할 줄 모르면, 자기 생명을 자기 손으로 거두기 쉬우며, 자기 자신만을 사랑하면 남을 배려할 줄 모르고 사회적 범죄를 일으키기 쉽다. 세상만사 양극에 치우치면 좋을 게 하나도 없다.

　그리스신화에 의하면, 미소년이 많은 여성의 사랑을 받았으나 매몰차게 거절하는 바람에, 복수의 여신 저주로, 물에 비친 자기의 모습을 사랑하여 빠져 죽어 수선화가 되었다. 자기애적 성격이 강한 사람은 지나치게 자신만을 생각하고 다른 사람을 배려할 줄 모르기 때문에, 결국은 죽음 혹은 자기 몰락의 길을 가게 된다는 의미를 함축하고 있다.

한 송이 시가 되는 백목련

나의 작은 농장 심재원의 캔버스에는 사계절이 골고루 풍성하다. 봄에는 각종 꽃의 다채로움, 여름에는 빨간 장미와 초록 잎의 조화, 가을에는 각종 열매와 단풍, 겨울에는 대나무와 소나무의 푸르름에 감나무 까치밥까지, 심재원을 소소한 낙원으로 꾸미고 있다.

한편으로는, 정원에 서서 주위를 둘러보면, 인간의 무력함을 절감하게 된다. 그저 거름을 주고 해충을 막아주는 것 외에는 별로 노력하지 않아도, 철 따라 꽃이 피고 열매가 익어가고 있으니 말이다. 보이지 않는 손을 찬양하지 않을 수 없다.

무엇보다 봄의 여왕, 목련꽃의 우아한 자태는, 우리가 실재를 볼 수 없어 더욱 아름다운 선녀 혹은 요정의 모습이랄까. 백목련이 먼저 피고 자목련이 뒤를 잇는다. 모두 이파리가 올라오기 전에 꽃을 피운다. 대부분 봄꽃나무는 잎보다 꽃을 먼저 피워올린다. 그다음 잎이 뒤따르며 꽃이 맺어 놓은 열매를 키우고 익히는 역할을 한다.

목련꽃의 전설도 슬픈 아름다움을 담고 있다. 꽃이 화려함을 뽐내는 기간이 짧음 때문일까. 사랑은 전광석화처럼 오고, 슬픈 이별로 꽃을 피운다. 사랑은 우연의 수레바퀴에 끼이기 쉽고, 합리적인 과정과 결말을 기대하기 어렵다.

전설에서 백목련은 하늘나라 공주의 화신이었다. 아름다움과 착하고 상냥한 마음씨에 매혹된 많은 젊은이가 공주에게 청혼했지만, 공주는 이들을 거들떠보지도 않았다. 공주는 언젠가 본 적이 있는 지상의 늠름한 바다지기를 잊을 수가 없어, 몰래 궁궐을 빠져나와 찾아 나섰다. 멀고 먼 길을 물어물어 찾아내긴 했지만, 바다지기가 결혼해서 아내가 있다는 사실을 알게 되어 결국 바다에 몸을 던지고 말았다. 바다지기는 뒤늦게야 그런 사실을 알고 시체를 거두어다가 잘 묻어 주었다. 날마다 공주 생각에, 바다지기는 아내가 점차 귀찮아지기 시작했고 결국 죽이고 만다. 딸의 소식을 전해 들은 하늘나라 왕은, 바다지기를 사모해 죽은 공주를 백목련으로, 바다지기의 아내를 자목련으로 피어나게 했다.

첫눈에 반한다는 말이 있다. 사람은 감성에 의해 지배받고 있다는 증거다. 이성으로 설명할 수 없는 '느낌'에는 선악과 유불리가 없다. '어쩐지'라는 단어로 설명할 수 있을까. 어쩐지 첫눈에 반해 많은 이의 한평생이 좌우된다.

리비도(Libido)에는 감성이 활개치며, 에고(Ego)는 이성의 영역이다. 슈퍼에고(Superego)는 영성의 아버지라 할까. 영성은 이성과 감성의 장점을 버무린 것이다. 모든 인간은 이 세 가지를 다 가지고 있으나 어느 것의 지배를 더 크게 받느냐에 따라 결과는 다르다. 살인은 분명히 나쁘다는 것을 알지만, 바다지기는 아내를 죽이고, 공주는 자기를 죽인다.

예술은 이성적인 것과 조금 거리가 있고, 감성에 더 크게 의지하면서 영성의 눈치를 본다고 할까. 세상이 살맛이 나는 이유도, 이 세 가지가 각기 정도가 다르게 인간을 지배하고 있기 때문이다. 예술의 영역은 예측이 어렵고 한없이 품이 넓다.

침묵 속에 키워둔 말
처음으로 꽃피우며
하늘을 보는 기쁨이어

누구라도 사랑하고
누구라도 용서하는
어진 눈빛의 여인

미운 껍질을 깨듯
부질없는 욕심을 밀어내고
눈부신 아름다움도
겸허히 다스리며
서 있는 모습 그대로
한 송이 시가 되는 백목련

― 이해인, 「백목련」 부분.

이해인 시인은, 비련의 하늘나라 공주가 아니라 예수님 모습을 백목련에서 떠올린다. 백목련이 한겨울 침묵 속에 키워둔 말, '누구라도 사랑하고 누구라도 용서하겠다'는 말을 듣는다. 조심스레 열리는 꽃잎을 통해 어진 눈빛을 발견한다. 부질없는 욕심도 미워하는 마음도, 눈부신 아름다움조차도 겸허히 다스리는 모습이 한 송이 시로 피어나고 있다.

　미움도 욕심도 없는 바로 예수 그리스도의 마음을 그림으로 그리라고 한다면 바로 한 송이의 백목련이 되지 않을까 싶다. 나도 이런 맑고 밝은 시를 쓰고 싶은데 왜 잘 안되는 것일까. 아마도 내 마음이 백목련에는 한참 못 미치기 때문이리라.

앵두나무 우물가에

심재원에 조성된 두 평 남짓의 연못가에서, 오래된 앵두나무와 라일락이 봄을 알려주고 있다. 내가 어렸을 때, 우리 동네 공동 우물가에서 앵두를 따 먹으면서, 「앵두나무 처녀」라는 노래를 라디오를 통해 들었던 기억이 떠오른다.

앵두나무 우물가에 동네 처녀 바람났네
물동이 호밋자루 나도 몰래 내던지고
말만 들은 서울로 누굴 찾아서
이쁜이도 금순이도 단봇짐을 쌌다네

- 「앵두나무 처녀」 부분.

60년대 전후 우리나라의 산업화 과정에서, 보릿고개를 벗어나기 위해 시골에서 서울로 무작정 상경하는 사람들이 많았다. 서울에는 일자리가 계속 늘어나고 있었고, 추석이나 구정에는, 빈털터리로 서울 갔던 사람들이 말쑥한 옷을 입고 선물 꾸러미를 들고 성묘를 온 사람들은 부러움의 대상이었다. 마을 공동 우물가에는 서울 간 친구들의 이야기들이 조금은 과장되어 흥건했다. 지난 설날

에 세배차 고향에 내려왔던 그녀의 이야기가 단연 화젯거리였다. 4H 운동을 한다고 마을 정자에 호롱불을 켜 놓고 마을 청년들이 밤에는 열띤 토론을 할 때, 중학생이었던 우리는 듣는 둥 마는 둥 장난치기에 바빴었다. 그녀가 서울 어느 방직공장에 취직하여 성실하게 일을 잘해서, 공장장 눈에 들어 제법 부잣집 마나님이 되었다고 했다. 소문이 그럴 뿐 확실한 것을 아는 사람은 없었다.

모내기 새참을 먹으러
마을 모정에 앉아 있는데,
저만치 고목이 된 앵두나무
등걸에서 돋아난 가지에
흰 꽃을 본 잔상이 아직도 남아 있는데,
잘 익은 열매 몇 알이 잎 사이로 인사를 한다.

명품 닮은 핸드백을 들고
짙은 입술연지를 찍고 왔던 모습이
앵두에 얼비쳐온다.

어릴 적 울타리 넘어 몰래 훔쳐봤던
앵두 따던 보송보송하던 얼굴이,
수돗물에 닳고 닳아
앳된 모습은 온데간데없고
유난히 빨간 입술만 촉촉했었지.

- 김철교, 「앵두나무 처녀」 전문.

전기가 없어, 어둑한 석유 등잔불을 켜고 공부를 했던 시절이 엊그제 같기만 하다. 60년대의 4H 운동과 70년대의 새마을 운동을 통해 농촌이 점차 발전해 왔지만, 여전히 폐교되는 초등학교가 늘어나고 있고, 얼마 가지 않아 사라지는 농촌이 많아질 것이라고 한다.

짧은 기간 동안 경제가 눈부시게 발전하였다. 6.25전쟁 때 본격화된 미국의 경제원조를 시작으로, 유능한 경제관료를 발탁해 전권을 맡긴 대통령의 지도력이 발판이 되어, 저개발국가에 속했던 우리나라가 개발도상국을 거쳐, 이제 국제기구들이 인정하는 선진국의 반열에 들어서서 어려운 국가들을 돕는 데까지 이르게 되었다.

과학기술도 빠르게 발전해 왔다. 전화통 옆에 달린 손잡이를 돌려 통화하던 시대에서, 다이얼 전화기, 삐삐, 카폰을 거쳐, 이제 인터넷 전화와 영상통화의 시대로 급속히 발전해 왔다. 각종 질병을 퇴치하기 위한 연구가 진척되고 신약이 개발됨에 따라 인간의 수명도 덩달아 늘어나, 평균수명이 60년대에 55세 전후에서 최근에는 85세를 넘어서고 있다. 성경에서 말하는 인간수명 120세도 머지않아 달성될 듯싶다.

더 편리해진 세상에서, 더 오래 살면, 더 행복해질까? 소위 선진국 클럽이라고 하는 OECD에서 한국의 경제지표는 양호하지만, 행복지수는 하위권이며, 자살률은 최상위권이다. 행복은 상대적이다. 경제발전이 가져온 부정적인 측면인 자산의 양극화와 소득 불평등이 심화되어 행복지수가 경제지수만큼 좋아지지는 않는가 보다. 무엇보다 선진경제와 대비되는 후진정치로 인해 사회적 갈등이 고조되고, 시골 마을에서조차 서로를 용인하려는 마음이 사라져가고 있으며, 울타리도 없고 사립문도 열어 놓고 살았던 때가 그립다.

꽁보리밥도 감지덕지했던 시절, 마을 우물가의 앵두나무가 꽃을 피우면 봄이 왔고, 초여름 밀, 보리가 익어갈 때쯤엔, 열매가 빨갛게 익어 인기가 높았다. 요즘 대형할인점에 가서 앵두를 사려고 해도 거의 찾아보기 힘든 것은, 저장성이 떨어지기 때문이기도 하겠지만, 더 맛있는 수입 과일들이 쏟아지고 있는 탓이겠다.

며칠 전, 늙수그레한 마을 아주머니들이, 나의 농장에서 익고 있는 앵두를 따며 옛날이야기로 즐거워한 적이 있었다. 우리 가족들이 따 먹기에는 너무 많아, 마을 사람 누구나 따 먹도록 개방했었다. 요즘 마을에는 앵두나무 있는 집이 거의 없다시피 한데, 심재원에는 큰 앵두나무가 두 그루 있어 앵두가 주렁주렁 열렸다. 대부분 저절로 땅에 떨어져 썩어간다. 손주들도 앵두를 두어 개 따 먹더니 더는 먹지 않는다. 아내도 별로 좋아하지 않는다. 수입 과일에 길든 입맛 때문이리라. 나는 자주 한 움큼씩 입에 털어 넣는다. 맛으로보다 추억으로 먹는다.

닭들의 정원, 로즈 가든(薔薇園)

　나의 작은 농장, 심재원에는 이십여 그루의 각색 장미가 피어 있는 로즈가든(Rose Garden)이 있다. 장미원 주위에는 초록색 그물망을 두르고 세 마리의 닭과 이들 2세인 네 마리의 병아리가 놀고 있다.

　손주가 아파트 베란다에서 토종닭을 부화시켜 기르다가, 수탉이 자라서 울게 되자 민원이 들어와 모두 시골 농장으로 추방되어 왔다. 서울에 사는 손주들이 유치원에서 실험 실습하면서 배우게 된 인공부화에 재미를 붙였기 때문이다. 인터넷을 검색해보니 각종 조류의 알과 인공부화 관련 장비들을 많이도 팔고 있다.

　닭들은 방사하면 채소밭과 풀꽃이 피어 있는 정원을 모두 헤집어 화초들을 망가뜨리기 때문에 고육지책으로 장미원에 울타리를 두르고 그 안에서만 살게 했다. 안성맞춤이다. 장미는 키가 큰 튼실한 나무들이라 해치지 못하고, 닭똥은 장미의 좋은 거름이 되고 있다.

　가끔 삽으로 닭똥을 흙과 섞기 위해 뒤집으면 지렁이가 나오는데, 닭들은 지렁이를 아주 좋아한다. 내가 삽을 들고 장미원으로 들어오자마자 암탉들은 벌써 눈치를 채고 삽날에 바짝 머리를 대고 지렁이가 나오기를 기다리고 있다. 흙을 뒤집는 순간 잽싸게 지렁이를 찾아 먹는다.

닭 중에 '장비'라는 이름의 수탉이 단연 마을에서도 화젯거리다. 이른 새벽 해 뜨기 전부터 위풍당당하고 우렁찬 목소리로 마을을 깨운다. 주인은 물론 가까이 다가가는 사람들에게 서슴없이 공격을 멈추지 않아, 마누라가 '장비'라는 이름을 붙여 주었다.

장비는, 아무리 잘해주어도 우리 내외가 장미원 안으로 들어가면 지체없이 공격한다. 다리 뒤에 단단한 공격무기가 돌출되어 있어 사정없이 땅을 박차고 튀어 올라 할퀴는데, 상처가 제법 크게 난다. 암탉은 발가락이 네 개인데, 수탉은 뒷발가락 바로 위에 하나가 더 있다. 자세히 살펴보니 아주 단단한 발톱과 같은 물질로 되어 있다. 사람을 공격할 때는 팔짝 튀어 올라 입 부리보다는 공격용 발가락으로 찍어댄다. 아주 날카롭고 단단하여 내 다리에 긁힌 상처가 많다.

개나 고양이는 집에서 기르면 주인을 알아보건만 수탉은 아무리 잘해주어도 소용이 없다. 특히 암탉에게 잘해주는 기색이 보이면 더욱 공격적이 된다. 암탉을 지키기 위한 본능이다. 가끔 지렁이를 잡아서 닭들에게 주는데, 수탉은 먹지 않고 부리로 집었다 놓았다 하며 꾸꾸꾸 암탉을 불러댄다. 암탉은 잽싸게 달려와 지렁이를 먹는다. 집사람은 웃으면서 '당신도 수탉을 보고 배우라'고 한다.

누가 뭐라 해도 로즈 가든의 주인공은 장미다. 장미원을 활보하는 닭들을 오만가지 향기와 색깔로 다스리고 있다. 장미를 볼 때마다 로댕이 생각난다. 로댕은 장미를 무척 좋아했다. 내가 프랑스 파리에 있는 로댕의 집을 방문했을 때, 정원에 여러 가지 장미가 만발하였다. 특히 '로댕의 장미'라는 자줏빛 장미를 카메라에 담아왔다. 한때 그의 비서였던 릴케도 장미를 좋아했는데, 장미 가시에 찔리는 것이 계기가 되어 죽었다고 전해진다. 그의 묘비명도 "장미여, 오, 순수한 모순이여"라고 시작된다. 고등학교 교과서에도 실렸던 릴케의 「장미의 속」이라는 시를 보자.

> 어디가 이 속에 대한
> 밖인가요? 어떤 아픔 위에
> 그 아마(亞麻)의 천을 놓습니까?
> 어떤 하늘이
> 이 열린 장미의
> 이 무사무념(無思無念)의 장미꽃 호수 속에서
> 비추이고 있습니까. 보십시오.
> 장미꽃들은
> 떨리는 손으로 결코 헝클어트릴 수 없다는 듯
> 풀어져 흐트러져 있군요.
> 장미꽃들은 제 몸들을 제가
> 가누지 못합니다. 너무 넘치거나
> 그 속의 공간에서 흘러나와
> 갈수록 쨍쨍한 대낮 속으로 들어가
> 마침내 온 여름을 한 칸의 방으로 만든답니다.
> 꿈속의 방입니다.
> —릴케 「장미의 속」 (김주연 역, 『검은 고양이』, 1973, 민음사) 전문.

몇 번이고 읽으며 장미꽃을 바라보면 어슴푸레 릴케의 장미원 그림이 떠오른다. "이 시는 사물의 본질을 실존적으로 탐구한 작품으로, 장미를 내부와 외부의 대립으로 가득 차 있는 존재로 묘사하였다"는 해설이 그럴듯해 보인다. '릴케는 장미가 지닌 복잡하고 오묘한 본질을 계속 추구했다'고 한다. 그러나 아무리 좋은 시(詩)라 할지라도, 장미를 직접 바라보는 기쁨을 이겨낼 수 없다.

모든 꽃이 그렇듯이, 장미도 보면 볼수록 오묘한 창조주의 손길을 느낄 수 있다. 사랑의 대명사인 장미는 품종도 색깔도 사랑만큼 다양하다. 내가 한국화훼장식기사협회 하계연수에서 특강을 한 적이 있었는데 그때 어느 수강생으로부터 받은 큰 포스터엔 각종 장미꽃 사진과 이름이 적혀 있다. 포스터에 있는 오십여 종류의 장미꽃은 극히 일부로, 자신이 경영하는 가게에서 취급하고 있는 것이라 했다. 전 세계적으로 많은 원예기술자들이 장미의 새로운 종목을 개발하기 위해 노력하고 있어, 2만여 종 가까이 개발되어 있다고 한다.

장미는 향수의 가장 중요한 원료다. 향수의 본고장인 프로방스 지역 그라스(Grasse)에 있는 향수박물관과 향수공방을 방문한 적이 있었는데, 거기 정원에는 장미꽃이 가득했다. 장미향은 여성호르몬을 자극하여 사랑에 빠지게 하는 성질이 있어 향수의 필수 재료라고 한다. 향수 한 방울에는 엄청나게 많은 장미꽃이 응축되어 있다.

장미는 그리스-로마 신들이 가장 좋아하는 꽃이어서, 장미에 관한 신화도 많다. 미의 여신인 아프로디테(비너스)의 눈물에서 장미가 피어났다는 신화도 있고, 최고의 신 제우스와 바다의 신 디오네(Dione)의 사이에서, 아프로디테와 함께 바다의 물거품 속에서 생겨났다는 신화도 있다.

릴케를 죽음에 이르게 했던 장미의 가시는 정원을 가꾸기에 귀

찮은 존재다. 요즘은 가시가 없는 장미를 개발했다고 한다. 그러나 가시가 없는 장미에서 참 멋을 찾을 수 있을까 싶다. 사랑도 가시가 있어서 더 우리 가슴을 애타게 하는 것이 아닐까.

장미 가시에 대한 신화도 있다. 신이 처음에 장미를 만들었을 때, 사랑의 사자 큐피드가 그 장미꽃을 보자마자 너무나 사랑스럽고 아름다워, 키스하려 입술을 내밀었는데, 꽃 속에 있던 벌이 깜짝 놀라 침으로 큐피드의 입술을 톡 쏘았다. 이를 지켜보고 있던 여신 비너스는 벌을 잡아 침을 빼내 장미 줄기에 꽂아두었다는 것이다.

동양 문화권에서 매란국죽을 좋아하듯, 서양에서는 장미를 좋아한다. 영국 왕조의 상징도 장미꽃이다. 장미전쟁은 왕위를 놓고 빨간 장미 문장을 가진 랭커스터 가문과, 하얀 장미 문장을 가진 요크 가문이 30년간 싸운 전쟁이다. 랭커스터 가문의 헨리 7세가 요크 가문의 엘리자베스를 왕비로 맞아 튜더왕조가 시작되면서 전쟁이 막을 내렸다.

아름다운 장미원을 만들기 위해서는 날마다 신경을 써야 한다. 병충해를 예방하기 위해 자주 농약을 살포해야 하고, 장미가 시들기 시작하면 꽃대를 잘라주어야 씨앗으로 가는 영양을 차단할 수 있어 오래 탐스러운 장미를 볼 수 있다. 사람도 사랑하는 사람을 위해서는 끝없이 신경을 써야 하는 것과 마찬가지가 아닐까 싶다. 장미 색깔도 셀 수 없이 많은 것이, 꼭 사랑의 빛깔을 닮았다.

여명의 설렘과 석양의 충만함을
다양한 색깔로 꼼꼼히 챙긴 꽃잎마다
우리 시간과 공간의
시작이자 끝인 사랑이 흥건하다

몸과 마음을 출렁이게 하는 향기는
사랑을 강요하는 향수로 응축되고
그대의 가시는
사랑의 아픔만큼 날카롭다

수묵으로 채색으로 연필로
수없이 그려봐도
실재(實在)를 알 수 없어
더욱 나를 애타게 한다

― 김철교, 「장미꽃잎에 쓴 편지」 전문.

신화에 투영된 불로장생의 꿈

처음 내가 농장을 가꾸기 시작했을 때는 '불로원(不老園)'이라 이름을 지을까 생각하고, 건강에 좋고 꽃도 아름다운 식물들을 심고자 했다. 백도라지와 흰민들레가 대표적인 작물이다. 육체적인 건강과 정신적인 건강이라는 두 마리의 토끼를 잡으려는 욕심의 발로다. 그러나 그보다 차원 높을 것 같은 '심재원(心齋園)'이라 이름을 쓰기로 결정했다. 마음을 비워야 더 젊게 더 푸근하게 살 수 있을 것 같기 때문이다. 이 또한 욕심일 수도 있다. 그러나 사람에게서 욕심이 없다면 살아있다고 할 수 없다. 욕심은 희망을 낳고, 희망은 항상 영육을 새롭게 단장한다. 다만, 그 욕심은 맑고 밝아야겠다.

도시에서 멀리 떨어져 자연을 가까이하는 생활은, 수동적 자세로 가꾸어진 경관과 꽃과 나무를 감상하며 사는 것도 의미가 있겠지만, 나는 능동적으로 가까이하고 싶은 마음에서 손수 내 울안에 좋아하는 꽃과 나무를 기르려고 애쓴다. 요즘은 인터넷으로 원예종묘사에서 다양한 꽃과 나무를 구입해 심을 수 있고, 가까이에 있는 농업기술원에서는 각종 농작물은 물론 화훼의 재배법과 병충해 관련 정보를 쉽게 얻을 수 있어 도움이 된다.

아내가 웃으며, 차라리 '불로장생원'이라고 해야지 않겠느냐고 하지만, 장생(長生)은 어쩐지 마뜩잖다. 장생은 인류의 꿈이어서 관련 신화도 동서양을 막론하고 많지만, 결국 이루지 못한 꿈으로 끝난다.

세계에서 가장 오래된 서사시로 알려진 「길가메시」에 의하면, 주인공 길가메시는 전설적 영웅으로, 친구의 죽음을 애통해하며 죽지 않는 비결을 찾아 나선다. 약초를 손에 넣었지만 뱀에게 탈취당해, 결국 실패하고 만다.

불사(不死)를 꿈꿨던 진시황도 뜻을 이루지 못하고 49세에 사망했다. 십장생(해, 구름 혹은 달, 산, 물, 돌, 소나무 혹은 대나무, 거북, 학, 사슴, 불로초)은 동양인의 오래 살고 싶은 염원을 담고 있다. 성경에서 무드 셀라는 969세까지 살았다(창세기 5장 27절).

정신이 혼미하고 육체가 부실한 상태로 오래 사는 것은 오히려 불행이다. 살아있다고 할 수 있는 것은, 생각할 힘과 기동할 힘이 있을 때까지가 아닐까. 나는 불로장생보다 '불로(不老)'가 더 바람직하지 않겠나 싶다. 짧게 살더라도 젊은 마음으로 살고 싶다.

나는 누차 가족들에게 내가 아프더라도 연명을 위한 조치는 하지 말라고 당부한다. 천국의 소망을 가진 나로서는, 올바른 생각과 건강한 움직임을 상실한 채 병상에서 연명하고 있는 모습은, 엘리엇의 시에 나오는 무녀처럼 지옥 생활이나 다름없을 것 같다.

하나님께서 사랑하는 사람은 일찍 하늘로 불러간다는 말에 고개를 끄덕일 수 있다. 내가 아우슈비치에 갔을 때 가스실에서 죽은 어린 소녀의 머리털이 전시된 것을 본 적이 있었다. 고난의 연속인 이 세상에 오래 머무는 것보다 일찍 천국의 정원으로 불러간 소녀가 오히려 더 행복하지 않을까 싶었다. 그 소녀는 하늘나라에서, 오래 살려고 애쓰는 우리를 오히려 측은히 내려다보고 있지 않을까?

요즘 서재의 남으로 난 창을 열고 시시때때로 변해가는 '로즈가든'과 주변 화단들을 바라보기를 즐겨한다. 일 년 내내 꽃을 피운다는 품종의 장미조차 6월에 한껏 아름다움과 향기로움을 뽐내다가 이내 시들고 만다. 시들었을 때 꽃대에 붙어 있는 모습이 보기 싫어서 즉시 잘라준다. 꽃대를 잘라주면 옆에서 새로운 순이 나고 꽃을 피우지만, 처음에 와글와글 피었을 때보다 기세가 등등하지 못하다.

열린 창으로 화단의 한구석에서 소리 없이 내게 눈길을 주고 있는 하얀 데이지 꽃이 미소를 보낸다. 내가 장미에 취해 있는 것을 전혀 개의치 않는 듯하다.

너를 처음 만난 것은
어느 수도원 정원이었지
나의 과거와 현재와 미래를
가늠하고 있을 때
아주 조용한 미소로 다가와서는
하얀 눈짓으로
저 푸른 하늘을 바라보라 했어

거기에 깊은 정원이 있고
꽃과 나무와 새들이 시냇가에서
아주 가벼운 몸짓으로

그저 존재하는 그 자체만으로도
행복하다는 것을 가르쳐 주었지

우리는
너무 많은 정보와 너무 많은 생각으로
스스로를 울타리 안에 가두고 있는 게야
비로소
너의 맑은 미소 속에
모든 것을 맡겨버린 후에야
뭉게구름을 타고
훨훨 날아갈 수 있었지

― 김철교, 「데이지」 전문.

해바라기 화판(花瓣)에 촘촘한 사랑

여름은 많은 식물들이 한창 자기를 뽐내는 시기다. 동식물은 모두 종족 번식을 위해 마음껏 자기 모습을 화려하게 펼쳐 보인다. 사람이 신의 반열에 기웃대는 것은 바로 그 종족 보존의 기능을 '사랑'이라는 단어로 미화하기 때문일 것이다. 예술과 기술과 학술로 나름의 발자취를 남기려는 것에도 자기 흔적을 남기려는 원초적 소망이 암묵적으로 내재되어 있다.

7월의 나의 작은 농장 심재원에는 참으로 많은 꽃들이 잔치를 벌이고 있다. 봄부터 피기 시작한 낮달맞이꽃은 여전히 화단지킴이로서 자기 몫을 톡톡히 하고 있고, 각종 장미꽃은 전성기는 지났어도 여전히 고혹적인 향기와 다양한 색깔을 앞세워 주인 노릇을 하고 있다. 해바라기와 나팔꽃이 등장하면서 여름은 더욱 다양한 색채로 채워진다.

해바라기의 신화도 여러 가지 버전의 사랑으로 각색되어 있다. 『그리스 로마 신화 사전』(피에르 그리말 저, 최애리 등 공동번역)을 들춰보니 해바라기에 관련된 신화가 잘 소개되어 있다. '헬리오스'(태양의 신)는 '클리티아'를 사랑했었는데, 그의 사랑이 '레우코토에'에게 옮겨갔다. 클리티아가 레우코토에 아버지에게 딸의 부정(不貞)을 고변하자 오히려 클리티아를 구덩이에 가두어 죽게 했다. 이런 사실을 알게 된 헬리오스가 레우코토에를 외면하게 되고, 레우코토에는 사랑의 열병으로 쇠약해져 해바라기로 변해 항상 태양 쪽으로 얼굴을 향한다. 이밖에도 다양한 버전의 신화가 있다.

신화와 전설은 때와 장소에 따라 조금씩 수정되면서 다양한 변종을 생산해낸다. 인터넷을 찾아보면 어디서들 찾아냈는지 각종 신화와 전설이 꽃들을 풍성하게 장식하고 있다. 신화와 전설의 묘미는, 원전의 진위 여부를 떠나서, 듣고 전하는 사람들이 자기 나름의 창의성을 덧붙여 재생산해 내는 것이 무한 허용된다는 데 있다.

신화나 전설을 보면 꽃은 이루지 못한 사랑의 화신이다. 이루지 못한 사랑은 항상 우리를 설레게 한다. 어쩌면 다 이루어버린 사랑은 정(情)으로 변해서 공기처럼 물처럼 없어서는 안 되면서도 우리 가슴을 설레게 하지 못하는 것 같다.

상담학 시간에, 미국의 어느 병원에서 사랑의 유효기간을 실험한 논문이 발표된 적이 있다는 강의를 들은 기억이 난다. 키스를 할 때 심장박동수를 측정했는데 결혼한 지 3년이 지나면 박동수가 별로 영향을 받지 않는다고 한다. 그 연구 결과에 동의하든 안 하든, 설레임이 있든 없든, 사랑도 정(情)도 모두 우리에게 없어서 안 되는, 신화와 전설 그리고 예술작품의 필수 소재라 하겠다.

해바라기도 여러 종류가 있다. 금년에 심재원에 심은 해바라기는 꽃대궁 하나에 여러 개의 꽃이 피어 있다. 내가 인사동 어느 고서화 가게에서, 작년 가을에 씨를 얻어 심은 것이다. 나는 별난 꽃이 있으면 꼭 기억했다가 꽃씨가 익을 때쯤이면 찾아가서 꽃씨를 얻는다.

가게 주인은 인품이 있어 보였다. 꽃을 파는 가게도 아닌데도 집 앞에 싱싱한 화분이 놓여 있으면 그 가게 주인은 후덕할 것 같은 생각이 든다. 그러나 가게 앞에 말라비틀어진 꽃이나 나무가 방치되어 있으면 그 가게는 들어가기조차 싫다. 아마 누구에게 선물 받은 것인데 관심이 없다보니 그리 된 것 같아 정나미가 떨어진다.

내가 인사동에서 처음 보았을 때는 해바라기가 화분에 심겨 있었고, 꽃이 그리 크지 않았으나, 우리 농장에 씨를 심어 기른 해바라기는 내 키보다 훨씬 크고 줄기도 굵다. 마치 해바라기 '나무'를 여러 그루 심은 격이 되었고, 꽃이 많이 달려 정원을 아름답게 지키고 있다. 똑같은 씨도 어떤 환경에 뿌려졌느냐에 따라 그 자람이 크게 다르다는 사실을 증명해 주고 있다. 일란성 쌍둥이도 서로 나뉘어 다른 가정에서 성장하면, 전혀 다른 품격의 사람이 된다고 한다. 한평생 함께할 상대를 고를 때도 돈이나 외모보다 자라난 환경을 먼저 살펴보아야 할 것 같다.

해바라기를 볼 때마다 암스테르담 반 고흐 미술관을 방문한 기억이 새롭다. 고흐가 1889년 그린 「해바라기」와, 고갱이 1888년 그린 「해바라기를 그리는 고흐」를 볼 수 있었다.

고흐는 해바라기를 일곱점 정도 그렸다고 한다. 맨 처음에는 1887년 파리에서 그렸는데 이 그림은 미국의 메트로폴리탄 미술관이 소장하고 있다. 프랑스 아를에서 '노란집'을 장식하기 위해 여러 점을 그렸는데, 1888년 고갱이 찾아와 머물렀던 방에도 두

점을 걸었다. 고갱이 아를을 떠난 후 고흐에게 자기 방에 걸렸던 해바라기를 보내 달라고 요청했고, 고흐는 이 그림들을 보내주는 것이 싫어서 똑같은 그림을 다시 그려 보내 주었다. 반 고흐 미술관에 걸려 있는 그림이 이때 그린 해바라기다.

고흐는 고갱을 초대해서 함께 살기를 간절히 바랐다. 고갱이 아를에 온다고 하자, 함께 살 집을 장식하면서 무척 행복했다고 한다. 고갱은 한 달 정도 고흐와 함께 머무는 동안 「해바라기를 그리는 고흐」를 그린 것을 미루어보면, 당시에 고흐는 해바라기를 무척 좋아했나 보다. 아마도 고갱을 향한 고흐의 사랑을 해바라기로 표현했는지도 모르겠다. 고갱과 고흐는 성격 차이로 한 달 정도 살다가 결국 헤어졌다.

1970년대에 「해바라기」라는 영화에서, 비극적인 사랑의 운명이, 러시아의 널따란 해바라기밭을 배경으로 그려졌다. 지금도 자세한 줄거리는 인터넷을 검색해야 비로소 떠올릴 수 있지만, 화면을 가득 채운 해바라기밭은 지금도 기억에 생생하다.

해바라기는 사랑하는 사람을 향해 끝없이 보내는 시선이다. 다 이루어진 사랑이 아니라 이루지 못한 사랑이기에 더욱 절절하다. 그리스 로마 신화의 해바라기 탄생 이야기도, 고흐가 여러 점의 해바라기를 그리게 된 이유도, 영화 「해바라기」도 결국 이루지 못한 사랑 이야기다. 인간의 운명은 알 수가 없다. 특히 사랑의 운명은 더욱 그렇다.

> 아침 댓돌에 내려서자
> 장미꽃밭에 홀로 서 있는
> 해바라기가 쏜
> 에로스 화살을 맞았어요
>
> 사랑만큼 가성비가 낮은 것도 없지만
> 모든 시간도 공간도 영혼까지도
> 그의 손아귀에서 벗어날 수 없어
> 인간 역사책은 감성의 놀이터
> 이성(理性)이 거기에 무슨 말을 쓰겠어요?
>
> 운명이라는 단어처럼 모호한 것도 없지만
> 꽃바퀴에 매달려 앙탈을 부린들
> 회전은 멈추지 않고
> 태양의 눈치만 봐야지요
>
> 저 꽃 속으로 들어갈까 봐요
>
> — 김철교, 「해바라기」 전문.

처서 풍경, 상사화(相思花)

본격적인 가을 문턱을 넘어서는 처서(處暑)는, 입추와 백로 사이 양력 8월 하순쯤이 된다. 여름 더위도 가시고 선선한 가을을 맞이하게 된다고 하여 처서라 불렀다.

귀뚜라미 우는 소리가 가을이 오고 있다는 소식을 전하면, 식물들은 한 해를 마무리하기 시작한다. 모기들도 힘을 잃어 우리 속담에 '처서에는 모기의 입도 삐뚤어진다.'는 말이 있다. 뜨거운 여름에는 이른 새벽과 해질녘에 풀숲 모기와 싸우며 잡초를 뽑는 게 일상이었는데, 이제 풀매기에 시달리지 않아도 된다. 풀도 더 이상 잎과 줄기가 번창하기를 멈추고, 내년을 위한 씨앗을 튼실하게 다독이기 시작한다.

과일나무들도 한여름 태양의 뜨거운 열기 속에서 과일의 크기와 당도를 높이려 부지런을 떨다가, 처서부터는 열매의 맛과 향취를 익히기 위해 최선을 다한다. 여름은 크기에 치중하지만, 가을엔 내적 충실을 위해 노력하는 나무들을 보고 있으면, 우리 인간의 삶도 마찬가지겠다 싶다.

칼 융(Carl Jung)에 의하면, 사람이 중년 이후에 자기의 내면적 성찰에 유념하지 않고, 청년 시절과 마찬가지로 사회활동에만 치중하면, 정신적으로 위험해진다.

심재원(心齋園) 농장에는 씨와 열매를 위해 봄부터 가을까지 긴 시간 살아온 꽃과 나무가 있는가 하면, 짧은 가을 한 철 열심히 자라 자기 소명을 다하는 김장 채소가 있다. 배추와 무는 9월부터 11월까지 3개월간 심고 가꿔서 12월 초에는 김장을 하게 된다. 김장을 마치면 나무들도 휴면기에 들어가기 때문에, 12월은, 내년을 위해 적절한 장소에 옮겨심기도 하고, 웃자란 가지를 정돈해 주는 시기, 말하자면 새로운 한 해를 설계하는 시기가 된다.

사람의 경우에 대입해 보면 늦가을부터 초겨울까지는 중년에 해당할 것이다. 중년에 이르면 젊은 시절 정신없이 달려왔던 길을 점검하여, 잡초처럼 버릴 것은 버리고, 사과나 배처럼 충실하게 익힐 것은 익히고, 그래도 못다한 것은 김장 채소처럼 짧은 기간에 마무리 짓는 시기라 하겠다.

한여름을 달구었던 태양이
점차 다정하게 다가온다

잡초들은 농부와 싸울 기력을 잃고
화목(花木)은 내년을 위해
씨앗과 열매를 다독이고 있다

젊은 세월을 세상과 겨루다가 이제는
일출보다 석양에 더 눈길을 주고

모든 것을 잔잔하게 사랑해야 하리

*내님 앞에
한평생 그리고 썼던
작품들의 보따리를 풀 때
흐뭇한 미소를 읽을 수 있으면 좋으련만*

– 김철교, 「처서일기」 전문.

잠시 글쓰기를 멈추고 눈길을 창밖으로 돌리니, 화단 가에 핀 주홍빛 상사화(相思花)가 확 달려든다. 여름 내내 이파리를 볼 수 없어 그 자리에 있었는지도 몰랐다. 마치 마음 한구석으로 밀쳐두었던 옛 애인을 우연히 만난 기쁨이랄까. 상사화는 여름 동안 숨어 있다가 가을 초입에 들면 국화가 피기 전에 서둘러 아름다운 모습을 드러낸다. 몇 년 전 선운사 가는 길에 상사화를 처음 본 후 너무 좋아 원예종묘회사에서 구입해 심었더니, 매년 가을 초입에, 다른 꽃들이 환하게 정원을 가득 채웠을 때를 피해, 홀연히 나타나 숨겨졌던 사랑을 호출한다.

상사화에 대한 전설에도 여러 가지의 버전이 있지만 모두 꽃말은 '이루어질 수 없는 사랑'이다. 그중에 제일 안타까운 전설은 스님을 사랑하게 된 여인에 관한 것이다. 불공을 드리려고 암자를 찾은 어느 여인이, 그곳에서 만난 스님을 사랑하게 되었다. 스님과 결혼할 수 없다는 것을 알지만, 스님을 향한 그녀의 사랑은 버릴 수가 없었다. 아니 더 활활 타오르는 것이 이루지 못할 사랑이다. 결국, 사랑한다는 말 한마디 제대로 건네지 못한 채 상사병으로 죽어 화장되었다. 그녀가 죽은 후에야 사연을 듣게 된 스님은

유골 일부를 자신이 기거하는 법당 옆 화단에 뿌리고는 날마다 극락왕생을 빌었다. 거기에서 피어난 꽃이 상사화다. 그래서 그런지 주로 절간 가까이에서 상사화를 많이 볼 수 있다.

봄이 되어 싹이 돋아나 푸르게 자라더니 여름에는 잎이 사라져 버렸고, 가을이 되자 꽃대가 올라와 아름다운 꽃을 피웠다. 상사화는 꽃과 잎이 함께 자라지 못하고 따로따로 돋아나 꽃은 꽃대로 피고 잎은 잎대로 자란다. 꽃은 잎을 생각하고 잎은 꽃을 생각하지만 서로 만나지 못한다고 하여 상사화(相思花)라고 한다.

누구든 첫사랑이든 늦사랑이든 못 이룬 사랑 하나쯤은 가지고 있지 않을까. 사랑했던 기간이 길었든 짧았든, 눈만 뜨면 생각나고 달려가 만나고 싶었던 사람이 있었다면 그것은 사랑이라 할 수 있겠다.

요즘 뉴스처럼 데이트 폭력이나 만나주지 않는다고 찾아가 칼부림하는 것은 사랑이라는 단어를 모독하는 것이다. 동물적 본능에 지나지 않는다. 심리상담을 하다 보면 그런 사랑들이 적지 않아서 사회문제의 숨은 폭탄이 되고 있다. 리비도(Libido)라는 게 슈퍼에고(SuperEgo)와 에고(Ego)의 통제를 받지 않으면 밖으로 뛰쳐나와 문제를 일으키기 마련이다.

꽃에 관한 신화나 전설에서는 이루지 못한 사랑을, 슬픔이 깃든 아름다움으로 피워 올린다. 비록 못 이룬 사랑으로 죽음에 이르게 되지만 결국 아름다운 꽃으로 부활하는 것이다. 상사화에 얽힌 전설도 슬픈 아름다움이다.

한평생 크고 작은, 이루지 못한 사랑들이 내 작품 주위를 맴돌고 있다. 많은 심리상담 사례와 맞물리어 상상력에 날개를 달아주고, 시와 소설과 희곡에까지 그 향기를 나눠주고 있다.

    기다림이 얼마나 가슴 아픈 일인가를
    기다려 보지 못한 이들은 잘 모릅니다

    좋아하면서도 만나지 못하고
    서로 어긋나는 안타까움을
    어긋나보지 않은 이들은 잘 모릅니다

    날마다 그리움으로 길어진 꽃술
    내 분홍빛 애틋한 사랑은
    언제까지 홀로여야 할까요?

                                               - 이해인, 「상사화」 부분.

이 시는, 시인이 수녀이기 때문에, 하나님에 대한 사랑이라 읽을 수도 있지만, 인간에 대한 사랑으로 읽으면 그 마음이 더 절절하게 다가온다. 좋은 시는 독자마다 다양하게 해석할 수 있는 특징이 있다.

우리는 항상 하나님의 은총으로 휘파람을 불며 살다가도, 욕심에 휘둘리어 하나님을 슬그머니 외면할 때가 있다. 하나님을 떠났을 때 불어닥치는 시련을 견디기가 어려울 때가 많다. 아무리 하나님의 손길을 기다려도 당장 나타나지 않을 때의 안타까움은 말할 수 없고, 하나님께서 어디에 계시냐고 원망하게 된다. "기다림이 얼마나 가슴 아픈 일인가를/ 기다려 보지 못한 이들을 잘 모릅니다." 그러나 인간의 사랑과 다른 것은, 우리가 간절히 기도할 때 늦게라도 반드시 나타나셔서 구원의 손길을 내미신다는 사실이다.

인간 사회 시스템 안에서는 서로 사랑하지만 만날 수 없는 경우도 적지 않다. 사랑하지만 공기와 물처럼 너무 가까이 있기에 사랑한다는 사실을 잊을 때도 있다. 사랑이란 카멜레온같이 우리 주위를 다양한 모습으로 맴돌고 있어 예술작품을 통해 우리 삶을 풍성하게 해준다.

국화와 무화과,
동서양의 조화로움

　상사화가 지자마자 국화가 꽃망울을 내밀기 시작하고, 겨울 발자국 소리가 가까이 들려오면, 국화꽃 잔치가 절정에 이른다. 꽃의 크기도 주먹만큼의 크기부터 1원짜리 동전 크기의 꽃까지 다양하고, 노란색, 자줏빛, 흰색 등 여러 가지 색깔이 파란 이파리와 어울려 심재원(心齋園)에 아름다운 가을 그림을 펼쳐 놓는다. 작은 꽃은 국화주나 국화차용으로 재배하고 있다. 겨울에는 국화주나 국화차를 마시며, 창가에 앉아 눈 내리는 풍경으로 내 눈을 호사시킨다.
　새벽에 일찍 일어나 정원에 핀 국화들을 보면, 하얀 서리로 인해 꽃의 색깔들이 옅게 비치면서 은은한 향기와 함께, 보는 사람들을 몽환 속으로 인도하기에 충분하다. 대낮의 국화꽃보다 어슴푸레한 새벽 미명에 보는 국화꽃은 더 매력적이다. 더구나 여름 한철에 부지런을 떨던 꽃들도 시들어버린 화단에서 가을을 지키고 있는 그 모습이 옛 선비들의 마음을 사로잡기에 조금도 부족함이 없었겠다.

꽃송이에 담긴 별들의 마을

사립문 들어서면 초저녁
부뚜막에 어머니 마음
윤기 자르르한 가마솥 가득

하늘 수틀에
견우직녀의 눈물방울들
이승에서 못 이룬 사랑이 가득

- 김철교, 「들국화 마을」 전문.

   야산에 오르면, 맑은 하늘빛 구절초와, 소복한 여인네 자태를 모방하려는 듯 하얀 들국화가 가을을 더욱 차분하게 다독이고 있다. 들국화에 대한 시가 많은 이유가 아닐까 싶다. 별이 막 뜨기 시작하는 초저녁에 꽃송이를 들여다보면 아기자기한 동화의 세계로 빨려 들어간다. 어릴 적 부엌에서 저녁을 준비하고 계시던 어머님을 만나고, 담장 너머로 이웃집 순이를 훔쳐보던 기억이 새록새록 하다.
   도연명의 「귀거래사」에도, 「음주」에도 국화가 등장하는 것을 보면, 도연명은 국화를 무척 좋아했나 보다.

초막을 짓고 사람들 속에 살아도
말과 수레 소리 시끄럽지 않구나
묻노니 어찌 그럴 수 있단 말인가
마음이 속세를 떠나면 저절로 그렇다네
동쪽 울타리에서 국화꽃 꺾어 들고

유연히 남산을 바라보네
산 기운은 황혼에 곱고
날던 새들은 짝지어 돌아온다
이 가운데 참뜻이 있으려니
말하고자 하되 말을 잊었노라
— 도연명, 「음주 5」(『중국역대시가선집 1』, 기세춘·신영복 역,
돌베개, 1994) 전문.

 시인은 거나하게 국화주에 취해 황혼에 들국화를 꺾어 들고, 멀리 산을 바라다보며 말을 잊는다. 아무리 주위에서 소란을 떨어도 이미 마음은 속세를 떠났기 때문이다.
 요즘처럼 정신없이 삭막한 시절에는, 자연 외에 어디에서 참다운 위안을 찾을 수 있을까 싶다. 텔레비전과 핸드폰에 정신줄을 놓고, 시답지 않은 만남 뒤에 남는 수다의 찌꺼기보다는, 자연 속에서 맑고 밝은 위안을 낚는 것만큼 좋은 것은 없다. 도시에서 낳아 도시에서 자라고 있는 손주들을 보면서, 저 아이들이 인생의 황혼녘에는 내가 젖어 있는 이 복된 시간들을 무엇으로 대체할 수 있을까 걱정하는 것은 기우일지도 모르지만.

 국화는 사군자(매화, 난초, 국화, 대나무)에 속하여 동양화 소재로, 혹은 시의 소재로 많은 사랑을 받아왔다. 물론 소나무와 모란도 사군자 못지않게 화폭에 자리 잡고 있긴 하다. 모란은 부귀를 상징한다고 하며 소나무는 대나무와 함께 사시사철 변함없이 푸르기 때문이다.
 심재원에는 넓지 않은 정원 담장 곁에 오죽과 소나무가 몇 그

루 있고, 그 아래 국화가 풍성하게 어울려 가을을 지키고 있다. 젊음의 뒤안길을 돌아, 화단 가에 쪼그리고 앉아서 막 피기 시작하는 국화꽃을 바라보며, 서정주의 「국화 옆에서」를 읊조리다 고개를 들어보면, 무화과나무와 눈길을 마주하게 된다.

아열대 지방에서 잘 자라는 무화과지만, 우리나라 남쪽 지방에서도 많이 생산되고 있다. 무화과나무는 성경에서 가장 먼저 언급되는 식물로, 아담과 이브가 최초로 만들어 입은 의상 재료였다. 구약성서 창세기 3장 7절에 의하면, 뱀의 유혹에 넘어가, 하나님께서 먹지 말라고 명한 선악과를 따먹자 두 사람 눈이 모두 밝아져 자기들이 벌거벗고 있다는 것을 깨닫고, 무화과 나뭇잎을 엮어서 몸을 가렸다.

이스라엘 사람들은 오래전부터 무화과를 다양한 용도로 사용하였다. 여행자들의 식품으로 애용되었고(사무엘상 25장 18절), 상처에 바르는 연고로도 쓰였다(열왕기하 20장 7절). 이집트에서 약 4천 년 전에 심었다는 기록이 있고, 클레오파트라가 즐겨 먹었다고 전해진다.

나는 옛 선비의 글과 그림에 나오는 화초와 나무는 물론, 성경에 나오는 식물도 심재원에서 기르려고 노력하고 있다. 모세가 이스라엘 백성에게 "하나님께서는 여러분들을 좋은 땅으로 인도하실 것이요. 거기에는 밀과 보리와 포도주와 무화과와 석류가 나는 땅이며, 올리브 기름과 꿀이 나는 땅"(신명기 8장 7~8절)이라고 말했다. 여기서 꿀은 대추야자의 열매를 가리킨다고 한다. 필자가 이스라엘을 두 번 방문하고, 사우디아라비아에 3년여 근무한 적이 있었는데, 주로 오아시스에 자라고 있는 대추야자 열매는 꿀보다 달았다.

우리나라에서는 아무리 남부지방이라 하더라도 대추야자와 올리브는 온실이 아니면 기르기가 어렵다. 나의 작은 농장 심재원에는 포도나무와 무화과와 석류가 살아남아 있다. 무화과도 지난 혹한에는 얼어 죽은 줄 알았는데, 금년 늦봄에 다시 뿌리에서 튼실한 새싹이 돋아나더니 부지런히 자라, 여름 끝자락부터 열매가 열리기 시작하여 국화꽃이 필 때도 달착지근한 열매를 달고 있다.

> 꽃술과 꽃잎을 밖으로 보이지 않으려
> 앙다물고 앙다물다
> 참지 못해 잔뜩 부풀어 갈라지는 볼
> 끝내 꽃은 보이지 않고
> 다디단 향기만 숨죽이며 스며나오네

*화려한 이력서를 뒤집어 보면
울퉁불퉁한 볼펜 흔적만 얼비쳐서
이면지로도 쓸모없는 종이 쪼가리
부끄럽다 부끄럽다 부끄럽다*

*날마다 쓰는 일기장엔 온통 낙서투성이
마지막 페이지에 그분 나라 그리려
무지개에 올라 높이높이 날아보지만
이카로스의 날개*

- 김철교, 「무화과」 전문.

무화과는 밖으로 드러난 꽃도 없고 과일 표면 색깔도 나무줄기와 엇비슷하여 눈에 잘 띄지 않지만, 달고 맛이 좋아 적지 않은 사랑을 받고 있다.

   사람들도 비록 화려한 삶은 아니지만 알차게 사는 분들이 많다. 나는 겉으로는 화려해도 열매 없이 허송하는 잉여인간 부류에 끼지 않으려고, 정년퇴임 후에 더욱 열심히 노력하고 있다.

토종 동물들의 놀이터

심재원(心齋園)에는 두 평 남짓한 장미원(Rose Garden)과 작은 연못이 있다. 장미원에는 장미와 닭과 참새들이 어우러져 항상 청정(淸靜)하게 소란스럽다. 연못에는 붕어와 수련의 소리 없는 대화로 가득하다.

서울과 농장을 오가며 살고 있는데, 농장에 많은 기간 동안 우리 내외의 발을 묶어 놓는 것은 닭이다. 모이나 물이 떨어지면 안 되기 때문에 오래 비워 놓을 수 없다. 특히 겨울에는 물통이 얼어붙어 닭이 물을 먹을 수 없다. 서울에 며칠 동안 머물다가 농장에 들어서면 닭들은 부산하게 우리에게 몰려온다. 수탉은 반갑다는 뜻으로 목청을 연거푸 높인다.

닭들은 동네 참새떼가 몰려와도 전혀 개의치 않고 함께 모이를 먹는다. 아마 모양도 비슷하고 날개도 있어 동지로 생각하는가 보다. 참새도 자기보다 훨씬 덩치가 큰 닭이 다가와도 전혀 신경을 쓰지 않는다. 그러나 인기척이 나면 한두 마리의 보초만 먹이통 부근 나뭇가지에 세워 두고 재바르게 날아가 버린다. 인기척이 사라졌다 싶으면 다시 우우 몰려온다. 참새는 작아도 멀리 날아갈

수 있어서, 닭의 부러움을 사는가 싶다. 멀뚱히 자기 먹이를 당당하게 먹고 있는 참새를 바라보고만 있다. 수탉은 언제나 해가 뜨기도 훨씬 전부터 울어댄다.

밤마다 푸른 날개를 펴고 날아오르는
날아오르는 연습을 하지만

아무래도 발이 땅에서 떨어지지 않아

수컷들은 아침 일찍
하늘 어디론 가를 향해
큰 소리로 운다
― 이경, 「수탉」(『쇠비름과 미운 오리 새끼』, 시와시학사, 1991) 부분.

보초를 서고 있는 참새는 주위를 두리번거리며, 내가 나타나면 무언가 재잘거린다. 왜 닭은 함께 먹이를 나눠 먹겠다는데, 당신은 좀스럽게 조그만 참새 배를 채워주지 못하느냐고 말하는 듯싶다.

참새들은 참으로 영리하여, 촘촘한 그물로 된 닭장 안에 먹이를 놓아두어도, 어떡하든 틈새를 찾아내 들어가 배를 채운다. 며칠 전 외손녀가 이를 보다못해 참새를 잡아달라고 졸라댔다. 자기가 인공부화기로 부화시켜 기르던 닭의 모이를 겁 없이 와서 먹으니까 좀 언짢았던가 보다. 손주들은 자기가 부화한 닭을 보

기 위해 자주 농장에 온다. KTX나 SRT를 타면, 집에서 역까지 오가는 시간을 포함해서 두 시간 남짓밖에 걸리지 않는다.

나는 참새를 잡기 위해, 닭 모이통 위에 큰 소쿠리를 엎어 덮은 후, 끈으로 묶은 작은 막대기로 소쿠리를 괴어 놓고 기다린다. 긴 끈을 들고 멀찌감치 숨어서, 참새가 와서 소쿠리 밑에 있는 먹이를 먹을 때 줄을 잡아당기면 꼼짝없이 소쿠리 안에 도망가지 못한 참새가 갇힌다.

참새를 손으로 잡아 귀엽게 생긴 모습을 한참 동안 바라보다가 손주의 동의를 받고 놓아주었다. 잡혀 있는 동안에는 내 손을 제법 아프게 물어뜯는데 참으로 앙증맞다. 작은 것들이 대부분 귀엽게 느껴지는 것은 웬일일까. 대부분 참새에 관한 문학 작품들은 어린 아이들을 위해 쓰이고 있다. 참새가 주인공인 동화나 동시가 많다.

처음에 암탉 두 마리와 수탉 한 마리가 있을 때, 암탉 등어리

털이 많이 빠졌고, 그중 한 마리는 상처가 덧나 죽어, 뒤뜰 오죽(烏竹)밭에 묻어 주었다. 수탉이 줄곧 두 마리를 교대로 등 위로 올라타 발톱으로 등을 움켜잡고 교미를 하기 때문이다. 부화용 알을 팔고 있는 농장 주인에게 문의했더니, 수탉 한 마리가 십여 마리쯤 거느릴 능력이 있으므로 암탉을 더 넣어주면 괜찮을 거라 해서, 추가로 인공부화를 통해 암탉을 여섯 마리로 늘려 주었다. 덕분에 요즘은 2세들도 알을 낳기 시작해서 이웃과도 유정란을 나눠 먹는다.

인공부화기에 달걀을 사다가 넣고 전기를 넣으면, 어미 닭처럼 일정 간격으로 뒤집어 온기가 골고루 퍼지게 한다. 손주들은 물론 나도 알 뒤집는 소리가 나면 하던 일을 멈추고 달려가 관찰한다. 특히 20일째부터는 언제 알을 깨고 나올까, 부화기에서 눈을 뗄 줄 모른다. 닭을 기르기 시작하고 나서부터 손주들과 아내는 치킨도 먹지 않는다. 우리 닭들이 올해 초복 중복 말복을 무사히 넘긴 것은, 기르던 닭을 잡아먹을 수 없다는 아내의 강력한 반대 때문이었다.

심재원 작은 연못에서는 붕어들이 놀고 있고, 실내 어항에서는 구피가 자란다. 연못을 두 평이 좀 못 되는 크기로 파서 방수 처리를 하고 수련과 붕어를 기르고 있다.

연못을 만들자마자 어린 붕어를 전통시장에서 새벽 일찍 사다가 연못에 넣었다. 장날이면 시골 아낙네들이 들녘에서 잡아 와서 민물 매운탕용으로 팔고 있다. 운 좋게도 우리 연못으로 와서 생명을 유지하게 된 붕어들을 보면서, 우리 인간의 삶도 우리 의지대로 되는 것이 아니라는 사실을 새삼스레 깨닫게 된다.

지난해 가을에는 손주들이 와서, 전년도 김장할 때 말려둔 무시

래기로, 민물 매운탕을 해 먹었다. 연못에 많은 수초가 엉켜 있어 물을 전부 빼고 청소를 한 후, 차가운 지하수를 뽑아 올려 넣었더니, 다음날 새벽에 적지 않은 붕어들이 죽어 물 위로 떠올랐다. 관상용 민물고기를 파는 가게에 문의하니, 물고기들은 갑작스러운 온도 차에 견디지 못하고 죽을 수 있기 때문에, 절반 정도만 물을 교체해 주었어야 한다는 것이었다. 안심하고 죽은 붕어를 먹어도 된다기에, 새로 만든 화덕도 시험할 겸 매운탕을 끓였다.

올해에도 무성하게 자란 수초들을 정리하기 위해 겨울 초입에 연못을 청소했다. 여름내 수련과 부들과 창포가 어우러져 물이 보이지 않게 되었기 때문이지만, 무엇보다도 봄에 새끼 붕어들을 넣어두고 먹이도 주지 않았는데 살아 있는지가 궁금했기 때문이었.

청소하고 다음 날 물이 가라앉았을 때, 마침 딸 내외와 외손주가 찾아왔다. 사위가 낚시 장비를 항상 차에 가지고 다니는지라, 초저녁에 외손자가 연못에 낚시를 드리우자 숨어 있던 붕어 중에 십여 마리가 잡혀 올라왔다. 내년에 더 크면 붕어찜을 해 먹자고 달래서 다시 연못에 놓아주었더니 수초 그루터기 안으로 잽싸게 숨어 버린다.

어린 손주들은 민물 매운탕을 좋아하고, 매미나 잠자리는 물론 달팽이와 지렁이도 손으로 잡는다. 나는 손주들에게 다양한 시골 체험을 추억으로 쌓아주기 위해 배려하고 있다. 열심히 꽃 이름도 알려주고, 함께 거름도 주고, 메뚜기도 잡아준다. 손주들에게 나의 작은 농장은 제법 괜찮은 교육 장소가 되고 있다. 나에게도 대도시에서 찌든 탐진치(貪瞋癡)를 털어내는 좋은 곳이다.

닭은 참새에게 먹이를 양보하며
함께 어울리고
붕어와 수련이 나누는 무언의 정겨움이
몸과 마음에 가득한 먼지를 털어낸다
천국에 대한 소망을
심재원 식구들이 키워주고 있다

의심 없이 사계가 바뀌는 자연에서
미물 가운데에도 스며있는
창조주의 뜻을 헤아리며
코로나바이러스가 위협해와도
흔들리지 않는다

― 김철교, 「심재원의 식구들」 전문.

심재원의 겨울나기

김장철이 지나자마자 바로 농장은 겨울 준비에 들어간다. 다알리아와 글라디올러스 등 구근은 캐어 혹한을 대비할 수 있는 창고에 들여놓았고, 나무들은 보온용 부직포로 감싸주었다. 추위에 약한 나무들을 작년에는 보온처리를 하지 않았더니 얼어 죽었기 때문이다.

수선화와 복수초 등 추위에 강한 다년생 꽃은, 내년 화단 조성 계획에 따라 크기와 간격들을 적절하게 고려하여 이식하였다. 추가로 구입해야 할 구근과 나무들은 원예종묘사에 미리 주문해서, 3월 중순에 배달되도록 했다.

심재원의 실내 화장실과 부엌에는 겨울을 싫어하는 꽃들이 가득하다. 군자란과 제라늄을 비롯하여 각종 다육식물이 들어차 있어 운신하기조차 어렵다. 작은 온실을 마련해야겠다는 계획은 가지고 있으나, 서울과 심재원을 오가는 주말농장 성격을 가지고 있기 때문에, 난방시설을 관리할 자신이 서지 않아 망설이고 있다.

월동 준비가 끝이 나면, 봄이 오기를 기다리며 글을 쓰고 화선지에 그림을 그린다. 그림 그리기와 글쓰기는 나의 말년 삶의 근간이 되고 있다.

요즘 겨울 저녁에 책을 읽다 보면 찹쌀떡 장사의 목소리가 그리워진다. 내가 어렸을 때는, 여름 한낮에는 아이스케키 장사와, 겨울밤에는 찹쌀떡과 메밀묵을 파는 목소리가 조용한 시골 마을을 심심치 않게 했다. 엿장수의 가위 소리는 계절을 가리지 않고 들려왔다.

찹싸알 떠억 ~

밤이 길어
속이 꿀찌하면
기다려지는 소리

겨울 배달부의 꼬리가 긴 능청

겨울을 밟고
장독대 동치미를 깨우고는
문풍지를 울리며
고개를 디민다

메미일 무욱 ~

- 김철교, 「밤으로 오는 겨울 편지」 전문.

내가 문인화를 배우기 시작한 계기는, 시화전을 할 때마다 나의 시를 그림으로 그려주려는 화가들의 그림이 내 시와 조화를 이루기 어려웠기 때문이다. 양천구청 평생교육원과 '예술의 전당' 실기

아카데미에서 배우다가, 아무래도 체계적인 공부를 하고 싶어서, 홍익대학교 문화예술 평생교육원에 개설된 동양화 학점은행제 과정에 2016년에 등록하여 2022년 2월에 드디어 미술학사(동양화전공) 학위증을 받게 되었다.

배우고 싶은 것이 있으면 정규 과정을 택하는 것이 좋다. 독학은 어지간한 독종이 아니면 쉬운 게 아니다. 정부에서 설계하고 관리 감독하고 있는 학점은행제 학위 과정에서는, 해당 분야 전체를 조망할 수 있고, 개별 분야를 깊게 공부할 수 있게 교과 과정이 마련되어 있다. 말하자면 숲과 나무를 다 볼 수 있도록 설계된 것이다.

예로부터 그림을 배우는 방법은, 도제(徒弟)가 되어 유명한 스승 밑에서 계속 배우는 방법이었으나, 요즘같이 창의성이 중요한 시대에는 다양한 방법을 이해하고 있을 필요성이 있다 싶어, 정규 과정을 밟게 된 것이다. 학점은행제 학사학위 과정 동양화 전공에서는 채색화, 문인화, 산수화, 민화, 인물화, 서예 등의 실습과목은 물론이고, 동서양 미술사와 미학 등 미술학사(美術學士)에게 필요한 과목들을 종합적으로 배워서 미술 전반에 대한 기초지식을 습득할 수 있어 좋았다. 이제 미술 학사 과정에서 배운 모든 기법과 지혜를 나의 문인화에 접목해 정착시키려 노력하고 있다.

우리 가문에는 그림 소질이 유전자에 들어 있나 보다. 매천 황현(梅泉 黃玹, 1855-1910)의 수제자였던 조부님은 서당을 하시면서, 글씨를 잘 쓰셔서 남들의 비문을 써 주시고, 거의 매일 소두(小斗) 한 되 정도 드셨던 막걸리 값은 걱정 없으셨다.

아버님도 초등학교에 평생 봉직하시면서 환경 미화를 위해 직

접 그림을 많이 그리셨고, 여동생은 공주사대 미술과를 졸업하고 미술 선생님으로 오래 근무했다.

　나는 음악에 대한 소질은 물려받지 못했다. 타고난 음치가 어디 있을까 싶었는데, 노래를 못하는 수준을 넘어, 피아노와 클라리넷 등 악기를 배워보려 수년간 노력했으나 악보 속의 음을 제대로 짚어내지 못하고 있다. 겨우 교회에서 가족합창대회 때, 내가 피아노 반주를 하고 아내와 아이들이 찬송가를 부른 것이 전부였다.

　앞으로 나의 문인화 개인전 개막식에서는, 직접 악기를 연주하려고, 몇 년 동안 배우기를 중단했던 클라리넷을 다시 만지작거리고 있으나 자신이 서지 않는다.

　어릴 적 조부님이 서당을 열어 아이들을 가르칠 때 배웠던 구절, 學而時習之 不亦說乎(배우고 때로 익히면 또한 기쁘지 아니한가)는 몸소 실천하고 있는 셈이나, 人不知而不慍 不亦君子乎(남이 나를 알아주지 않아도 노여워하지 않음이 또한 군자가 아니겠는가)는 노력하고 있지만, 아직은 군자의 덕목을 흉내 내기가 버겁다. 앞으로 여생을 문인화를 그리며, 시와 산문을 쓰며, 가끔은 클라리넷을 조율하며 보낼 계획이나, 또 배우고 싶은 욕망이 언제 꿈틀거려 학생 신분으로 돌아갈지 장담하기는 어렵다.

> 그림을 그리다가 글을 쓰다가
> 눈을 정원으로 돌리면
> 겨울 땅속으로 빨려 들어간다
> 땅속 세상에는
> 온갖 벌레들과 뿌리들이
> 봄이 오면 땅 위에
> 창조주의 뜻을 펼치기 위해
> 서로 얽히고설켜
> 풍요로운 세상을 장만하고 있다
>
> 화폭 앞에 서기만 하면
> 음악에 귀를 기울이기만 하면
> 화가가 살던 세상
> 음악가가 휘젓던 세상으로 빨려 들어간다
> 거기에는 시와 노래가 있고
> 거기에는 내가 있고 이야기가 있다
> — 김철교, 「심재원(心齋園)의 겨울나기」 전문.

2

그림과 시로 읽는 기독교

블레이크의
시와 그림에서 읽는 하나님

한 송이 작은 풀꽃에서 우주의 신비를, 창조주의 오묘한 손길을 읽어 낼 수 있는 사람만이 하나님에 대한 흔들리지 않는 믿음을 가질 수 있다. 홍해를 가르는 구원의 기적을 믿고, 성령으로 잉태한 마리아를 사랑의 눈길로 바라보고, 죽음을 이기고 부활하신 예수님을 찬양할 수 있다. 그런 감성(感性)을 가장 풍성하게 가진 사람이 예술가라 하겠다. 하나님의 말씀은 예술 속에서 가장 빛을 잘 발할 수 있다. 예술은 감성을 통한 사유이기 때문이다.

하나님이 주신 뇌세포의 아주 적은 분량밖에 사용하지 못하고 있는 인간으로서는, 이성(理性)만 가지고는 무한 광대한 하나님의 뜻을 알아차리기에는 능력이 턱없이 부족하다. 우리는 감성과 영성(靈性)의 지원을 받아야 우주의 구석구석, 하나님의 심중까지 헤아릴 수 있다.

개개인의 감성은 무의식의 지배를 받기 마련이다. 인간의 의식은 빙산의 일각 정도나 될까, 극히 일부분만이 삶에 영향을 미치지만 무의식은 인간의 모든 삶을 지배하고 있다. 칼 융은 인간의 무의식을 집단무의식과 개인무의식으로 나누었다. 집단무의식은 아담과 이브 이래로 쌓여 있는 인류의 체험이며, 개인무의식은 한 인간이 태어날 때부터 축적된 경험이다.

많은 사람들은 하나님의 모습을 자기 무의식의 지배에 따라 각기 다르게 감성적으로 이해한다. 예술가도, 어린이도 마찬가지다. 어떤 이는 호랑이 같은 모습을, 어떤 사람은 어린양 같은 모습을 상상할 수도 있다. 어린아이들을 모아 놓고 하나님 모습을 그리라고 했더니 그랬다는 것이다. 아이들이 어떤 환경에서 자랐느냐에 따라 하나님 모습을 달리 그린 것이다.

하나님을 본 사람은 없다. 요한복음 1장 18절에 의하면 예수님 밖에 하나님을 직접 본 사람은 없다. 모세를 비롯한 모든 사람들은 하나님을 직접 본 것이라기보다는 '느꼈을 뿐'이다.

블레이크(William Blake, 1757~1827)가 그린 하나님 모습은 구약에 있음직한 '엄격한 아버지' 같은 모습이 아닐까 싶다. 그러나 그의 시에서 보면 '어린양'의 모습으로 이해하려 애쓰고 있다.

윌리엄 블레이크가 그린, 영국 런던 테이트 브리튼 갤러리에 있는 「아담을 창조하시는 하나님」이나 영국의 케임브리지 대학교 박물관에 있는 「옛날부터 계신 하나님」에서는 우리가 감히 다가갈 수 없는 하나님 모습을 본다.

「아담을 창조하시는 하나님」에서 블레이크는 구약 창세기에 있는 하나님의 아담 창조를 부각시키고 있다. 하나님은 마치 성령을 상징하는 비둘기가 내려오는 것같이 음울한 날개를 펴고 왼손으로 이끼 낀 흙을 집어 아담을 창조하고 있다. 아담은 고통스런 자세로 마치 십자가에 못 박힌 것처럼 손을 위로 뻗히고 있으며, 다리는 뱀이 아닌 큰 벌레가 칭칭 감고 있다.

그러나 그의 시 「양」에서는 당시 교육 방식이었던 권위적이고 억압적인 분위기를 비판하면서 '그분은 유순하고 온화하시다'라고 노래하고 있다. 아마도 블레이크는 자신이 당시의 엄격한 교육 환경에서 자랐기 때문에 하나님을, 그의 그림에서는 엄하게 표현했지만, 그의 시에서는 새끼 양처럼 온화하고 부드러우신 분으로 만나고 싶었던 것이 아닐까 싶다.

작은 양아, 누가 너를 만드셨니?
누가 너를 만드셨는지 너는 아니?

너에게 생명을 주시고
시냇가에서, 들에서 너를 먹이시고
반짝이는 가장 보드라운 옷을 입히시고
모든 골짜기를 기쁘게 하는
그리도 연하고 고운 목소리를 너에게
주신 분이 누구신지 너는 아니?
(중략)

그분은 네 이름과 같으시다
그분은 자신을 양이라고 부른다
그분은 유순하고 온화하시다

– 블레이크, 피천득 역, 「천진의 노래-양」, 부분.

시인으로서 블레이크는 환상적이고 신비로운 체험과 상상을 표현한 낭만주의 시인이다. 애플사 창업자 스티브 잡스는 생각이 막힐 때마다 블레이크의 시집을 꺼내 읽었다고 한다. 그에게 블레이크 시집은 통찰력과 상상력, 그리고 영감을 끌어내는 보고(寶庫)였

블레이크 「아담을 창조하시는 하나님」,
1795, 종이에 잉크와 수채, 43.1x53.6cm, 테이트 브리턴 갤러리, 런던.

던 셈이다.(김철교, 「시인이자 화가인 신비주의자: 블레이크」, 『화폭에서 시를 읽다』, 시문학사, 2018. 참조)

  나는 하나님을 블레이크의 그림에서보다, 렘브란트의 그림에서 느낀다. 블레이크의 하나님은 구약의 하나님이라면, 렘브란트의 하나님은 신약의 하나님이다.

그림과 시로 그린 천국

내가 가야 하는 천국은 어떤 모습일까? 아담과 이브가 에덴에서 추방된 이후 많은 예술가들이 그림으로 글로 노래로 천국을 그려왔다. 표현하는 용어와 방식만 다를 뿐 대부분의 종교들도 천국을 바라며, 철학자들이 탐구하는 궁극적인 목적도 낙원의 회복 즉 인간의 구원이 아니겠는가 싶다. 성경의 대부분도 종말론, 즉 고단한 세상을 뒤로하고 예수님을 따라 천국에 이르는 내용이다. 천국은 바울도 스데반도 사도 요한도 다녀온, 하나님이 다스리는 실제로 존재하는 나라다.

존 번연(1628~1688)의 『천로역정』은 천국에 이르기까지 인간 세상에 존재하는 각종 유혹과 싸우는 이야기가 중심이 되어 있다. 번연이 소개하는 천국은 하나님이 계심으로 태양처럼 빛나며, 시들지 않는 생명나무를 비롯한 기화요초가 자라고 괴로움과 슬픔과 죽음이 더 이상 없는 곳이다.

십자가의 강도에게 '오늘 네가 나와 함께 낙원에 있으리라'(누가복음 23:43)고 하신 말씀에 기대면, 『천로역정』에서처럼 많은 시련을 통과해야 가는 나라가 아니라, 우리는 예수님을 영접하는 순간 천국에 들어가는 것이 아닐까 싶다. 그렇다면 실컷 욕심대로 살다가 죽을 때쯤에 영접하면 되지 않겠느냐고 말할지도 모른다. 그러나 그러한 위장된 믿음으로는 천국에 갈 수 없다.

밀턴(1608~74)의 『실낙원』과 단테(1265~1321)의 『신곡』에서는 웅장한 서사시로 천국을 자세하게 묘사하고 있다.

윌리엄 블레이크(1757~1827)와 귀스타브 도레(1832~1883)는 단테의 『신곡』에 많은 삽화로 천국을 그렸다. 도레의 삽화에는, 단테와 베아트리체가 천국을 바라보고 있는 그림이 있다. 천국은 아홉 개의 원으로 되어 있으며, 열 번째에 해당하는 중심의 밝은 빛은 성 삼위일체의 빛이다. 이를 중심으로 믿음의 승리자들이 장미꽃처럼 원을 이루며 하나님을 찬양하고 있다.

밀턴의 낙원에서는 하나님의 빛 가운데 아름다운 꽃과 나무를 기를 수 있는 곳이다. 하나님은 인간에게 자유의지를 주셨는데, 자신의 선택에 의해 타락한 것이 아니고, 사탄의 유혹에 의해 타락했기 때문에 하나님의 은총으로 구원받을 수 있다. 타락한 천사인 사탄은 자신의 선택으로 하나님을 배신했기 때문에 영원한 지옥 불에 살 수밖에 없다.

믿음의 선진들이 경험한 천국에 관한 이야기를 종합해보면, 천국은 사람과 동물과 식물이 함께, '기쁨과 사랑이 넘쳐서, 언제나 모두가 행복한 나라'인 것이 분명하다. 시간과 공간도 자유자재로 넘나들 수 있다. 아브라함도 만나고 아펜젤러 선교사도 만나고 주기철 목사도 만나고 김수환 추기경도 만나고, 우리 가족들도 만날

도레가 단테 『신곡』에 그려 넣은 천국 모습

수 있는 시간과 공간을 초월한 나라.

보석궁도 있고, 맑은 시냇물 가에 아담한 초가집들도 있는, 시작도 끝도 없는 무한광대한 나라, 모두에게 똑같은 나라가 아니라, 모두에게 다르면서도 모두에게 언제나 기쁨이 충만한 나라.

예수님의 십자가 보혈로 죄의식도 두려움도 의심도 모두 지워지고, 세상 고난의 기억들이 행복한 기억이 되는 나라, 저절로 착하게 살아지는 나라가 천국이 아닐까 싶다.

신성과 인성의 교직(交織), 피에타

'피에타'는 십자가에서 피를 흘려 고통 받은 아들이, 죽음을 능히 극복할 수 있는 '하나님의 아들'이라는 것을 알고 있음에도, 애처로운 표정으로 바라볼 수밖에 없는 '세상 어머니' 마리아를 작품에 담고 있다.

죽은 사람이 천국으로 갔을 것으로 확신하는 장례식장에서도, 기쁨의 축제 마당이 아니라 슬픔의 현장이 되고 있는 것은, 사람인 이상 어쩔 수 없는 것이 아닐까 싶다. 인간의 몸으로 오신 하나님도 통곡하고 눈물을 흘리셨다(히브리서 5:7).

미켈란젤로는 24세 때 성베드로대성당에 있는 피에타를 시작으로, 두오모성당 피에타, 팔레스티나 피에타, 론다니니 피에타 등 4개의 피에타를 조각하였다.

회화에서는 들라크루아(1798~1863)가 그린 피에타가 루브르 박물관에 소장되어 있고, 이를 모작한 고흐(1853~1890)의 피에타가 네덜란드 고흐미술관에 있다.

피카소가 파시스트 정부를 비판하기 위한 그림 「게르니카」에는

우리나라 미리내 성지의 피에타 상

아들을 안고 고통으로 울부짖는 피에타가 등장한다.

 필자가 생폴 드 방스에 있는 마그미술관에서 본 피에타는, 해골 모습의 얼굴을 가진 성모 마리아가, 예수님 대신, 오른손에 인간의 뇌를 들고 축 처져 있는 조각가를 안고 있는 모습이었다. 처음에는 신성모독이 아닐까 싶었는데 해설을 읽어보니 마리아는 '자신의 아들이자 메시아인 예수의 죽음을 애통하는 성모의 슬픔을 상징적으로 표현'하고 있다는 것이다. 벨기에 작가인 얀 파브르(Jan Favre, 1958~)가 대리석에 조각한 「자비로운 꿈-피에타 IV」라는 작품이다. 우리나라에도 다양한 피에타를 주제로 한 그림과 조각상들이 있다.

 이탈리아어의 의미로 '연민'인 피에타는 십자가에서 내려진 예수를 안고 있는 마리아의 모습이 대표적인 것이지만, 로댕은 십자가에 달리신 예수님을 안고 애통하는 막달라 마리아를 조각했고, 우리나라 안성에 있는 미리내 성지의 피에타는, 한복을 입은 성모 마리아가 죽은 김대건 신부를 안고 있는 조각이다.

 신실한 믿음을 가진 로댕의 조각(로댕 미술관, 「예수와 막달라 마리아」)에서, 막달라 마리아는 십자가에 달리신 예수님을, 머리를 풀어헤치고 거의 나신으로 부둥켜안고 있다. 막달라 마리아는 일곱 귀신에 시달리다 예수님에 의해 양적 자유함을 얻고 열렬한 추종자가 되었다. 십자가에 달려 돌아가시는 예수님을 애타게 바라보았고, 부활하신 예수님도 가장 먼저 만났다.

로댕의 조각에서, 예수님이 인간의 모습으로 오신 하나님인 것을 알고 있지만, 사랑하던 이의 죽음을 애도하는 막달라 마리아의 인간적인 감정도 담겨 있다.

한때 로댕의 비서였던 릴케는 로댕의 조각을 보고 막달라 마리아의 시각으로 「피에타」라는 시를 썼다. 마리아의 예수님에 대한 사랑이란, 인간적인 세속적 사랑과, 하나님 아들에 대한 경건한 사랑이 교직되어 있음을 본다.

로댕, 「예수와 막달라 마리아」, 1894, 석고, 74x44.2X84.5(높이)cm, 로댕미술관.

> 내 드리운 머리카락 속에 당황하여 서 있던 모습
> 마치 가시덤불 속에 하얀 야수 같았지요.
> (중략)
> 당신의 심장은 열려 있어, 누구나 들어갈 수 있군요
> 어찌 저만 들어갈 수는 없었던가요.
>   - 릴케, 「피에타」 부분.

신성과 인성의 교직, 피에타 87

원래 사랑의 속성은 그렇다. 에로스적인 사랑, 아가페적인 사랑, 필로스적인 사랑, 이 모두가 서로 겹쳐 있는 것이 우리들의 사랑이 아닐까 싶다. 성모 마리아도 '성자 예수'라는 것을 알면서도, 십자가에서 죽은 '아들 예수(人子)'에 대한 슬픔은 어쩔 수 없는 것이었다.

인자(人子)로 오신 하나님

하나님이 인자(人子)로 오신 분이 예수님이다. 죄에 묻혀 살 수밖에 없는 인간 세상에서, 함께 호흡하고 함께 울고 함께 웃으시면서, 죄로부터 우리를 구원하시고 이 땅에 천국을 열기 위해 직접 오신 것이다. 성경의 많은 부분에는 고난의 이 세상을 벗어나 하나님이 다스리는 나라에 가고자 하는 열망이 담겨 있다. 그 길을 인도하시는 분이 예수 그리스도이시다.

태어나면서 뚜벅뚜벅
죽음으로 가는 여행
평생 동행하시다가
이 세상 끝 날에는
천국으로 인도하시네

― 김철교, 「동반자」 전문.

하나님 나라에는, 어떤 사람은 죽어서, 어떤 사람은 살아서 갈 것이다. 이 시(詩)에서 '죽음', 혹은 '이 세상 끝날'이라는 말은, 기독교인들에게는 천국에서의 새로운 삶의 시작을 의미한다. 또한, 그리스도인들은 천국이 이 지상에 임하도록 주기도문을 외운다. "아버지의 나라가 오게 하시며, 아버지의 뜻이 하늘에서와 같이 땅에서도 이루어지게 하소서."

예수님 탄생은 베들레헴에서만 경험할 수 있는 것이 아니라, 믿음으로 '지금-여기'에서도 만날 수 있다. 성탄에 관한 많은 예술 작품을, 믿음이 신실한 시인과 화가들이 그렸다.

> 믿음으로써만
> 화목할 수 있는 지상에서
> 오늘 밤 켜지는 촛불
> (중략)
> 한국에는 한국의 눈이 내리는 오늘 밤
> 촛불로 밝혀지는
> 환한 장지문
> 　　　　　　　　　　- 박목월, 「성탄절의 촛불」 부분.

구세주 예수 그리스도를 믿음으로서만 지상 천국에 이를 수 있다. 동정녀 탄생을 의심하고, 부활 승천을 못 믿겠다는 사람에게 크리스마스는 그냥 여느 공휴일이나 다름없다.

> 우리 집과 같이 가난한
> 마음과 마음의 따스한 꼴 위에서,
>
> 예수님은 나셨다.
> 예수님은 나신다.
> 　　　　　　　　　　- 김현승, 「크리스마스와 우리 집」 부분.

김기창, 「예수 탄생」, 1952, 비단에 채색, 63x76cm, 서울미술관.

낮고 천한 곳에 오신 것은 모든 사람을 구원하시기 위함이다. 화려한 호텔과 거대한 교회는 남루한 노숙자 차림으로 들어가기 어렵다. 몸과 마음이 가난한 목동들의 환영을 받으셨으며, 동방박사들은 예물을 들고 찾아와 경배했다. 이 세상에서 신분의 귀천이 아니라, 내 마음속에 하나님을 받아들일 수 있는 사람만이 만날 수 있는 분이시다.

김기창이 그린 「예수의 생애」 30점 중에 「아기 예수의 탄생」도 바로 내 곁에 오신 예수님을 그렸다. 김기창은 죄가 많은 화가다. 그래서 은혜도 크다. 귀까지 먹었고 친일소동에 휘말렸다. 그러나

인자로 오신 하나님

회개하는 마음으로 그림을 그렸다. 지금은 천국에서 화구를 들고 하나님 나라를 그리고 있을 것이다.

그림의 배경은 베들레헴이 아니라, 소와 나귀와 닭이 있는 우리의 마구간에서, 한복을 입은 우리네 어머니 아버지의 보살핌 속에서 태어나셨다. 화가들은 성모 마리아와 아기 예수 머리 위에 후광을 그려 넣어 일반 사람들과 구별한다.

예수님 탄생은 우리의, 나의 이야기다. 깊은 영성으로 나의 예수님을 오늘도 만나야 한다. 세속적 욕망으로 가득 찬 마음을 깨끗이 청소하고 예수님을 내 마음속에 영접할 수 있는 올해 크리스마스가 되었으면 하는 바람이다. 그것이 곧 지상에 임하는 천국이리라.

가나의 혼인잔치

　예수님이 맨 처음 베푸신 기적은 가나의 혼인잔치에서 물을 포도주로 바꾸신 것이다(요한복음 2:1-11). 기독교인들조차 성경의 기적들을 믿지 않는 사람들이 적지 않다. 성령에 의한 동정녀의 임신, 오병이어의 기적, 나사로를 살리신 사건 등은 지금 우리 시각에서는 기적이지만 하나님 시각에서는 일상의 하나가 아닐까 싶다. 옛날에는 전혀 이해가 불가능했던 사실들이 지금은 현실에서 증명되고 있는 것을 보면, 우리는 기적을 부인할 수 없다. 아직은 모를 뿐이다.

　포도주는 유사 이래 오랫동안 음료수의 역할을 해 왔고, 당시 유대인들은 혼인 잔치에서 포도주를 대접하는 것이 관례였다. 구약시대나 신약시대나 이스라엘 사람들은 포도주를 즐겨 마셨다. 유월절에도, 최후의 만찬에서도, 예수님이 흘리신 피를 상징하는 포도주를 마셨다.
　포도주는 지나치지 않는 한, 몸과 마음의 건강에 유익하다. 사도 바울도 디모데에게 "이제부터는 물만 마시지 말고 네 위장과 자주 나는 병을 위하여는 포도주를 조금씩 쓰라"(디모데전서 5:23)고 했다. 시편에서도 '사람의 마음을 기쁘게하는 포도주'라고 기록하고 있다(시편 104:15).

루브르 박물관 「모나리자」 맞은편에, 아주 큰 그림 「가나의 혼인잔치」가 걸려 있다. 130명이 등장하는 호화로운 잔치의 풍경은, 베네치아 성조르조 마조레 수도원에 걸려 있던 것으로, 독실한 가톨릭 신자인 베로네제(Paolo Veronese)가 그렸다.

그림의 배경은 갈릴리의 가나가 아니라 작가가 살았던 베네치아이며, 고대 그리스-로마 양식의 화려한 건축물이다. 이 작품은 이탈리아를 정복하러 온 나폴레옹이 프랑스로 가져간 것이다. 너무나도 컸던 탓에 작품을 반으로 갈라 카펫처럼 굴려서 가져간 후 프랑스에서 봉합했다.

그림 상단 사람들은 파티에 초대받지 못한 사람들이다. 중앙에는, 후광을 두르고 있는 예수 그리스도와 그 왼편에 성모 마리아, 그리고 그 주위로 그의 제자들이 앉아 있다. 맨 왼쪽 테이블에 앉아 있는 거물급 하객들은 프랑스와 1세 부부, 칼 5세, 영국 메리 여왕, 터키 술탄 등이며, 잔치 흥을 돋우기 위한 앞쪽 중앙 악사들은, 이 그림을 그린 화가 베로네제를 포함하여 당대 자신과 어울렸던 화가들이다.

그들 앞에 악보와 함께 모래시계가 그려져 있는데, 세속의 즐거움은 유한하다는 것, 혹은 예수님이 자신의 기적을 행하기엔 아직 때가 되지 않았다고 말씀하신 것을 은유한 것이라고 해석한다. 그림 맨 앞 두 마리의 강아지는 당시 충성을 상징하였으며, 이 작품의 배경이 결혼식임을 알려주고 있는 알레고리이다. 작품의 왼쪽

베로네제, 「가나의 혼인잔치」, 1562~3, 캔버스에 유채, 666x990cm, 루브르 박물관.

에 신랑과 신부가 그려져 있고, 오른편엔 포도주 항아리도 보인다.

성경에 기록된 '가나의 혼인잔치'를 화가가 나름의 예술혼으로 해석하여 그렸다. 크기는 물론 많은 등장인물이 있는 이 그림 앞에 서면, 화가가 예수님의 첫 번째 기적을 얼마나 큰 사건으로 받아들였는지 넉넉히 짐작할 수 있다. 대작일수록, 한정된 크기의 인쇄물보다, 원본 그림 앞에 섰을 때 훨씬 그 감흥이 크다. 아직은 아무리 인쇄술이 발달했어도 오묘한 색의 조화를 비롯한 실물 그림에서 느끼는 미세한 작가의 마음까지는 전달하지 못하고 있다. 실제로 예수님 당시의 가나의 혼인잔치와는 다르지만, 화가의 마음속에 자리 잡고 있는 영적 무게는 우리가 이 그림을 통해 능히 짐작할 수 있다. 예술은 외적 사건에 대한 단순한 기록이 아니라, 예술가의 영감을 투영한 것이다. 성경 속의 사건들은 아무리 오랜 세월이 흘러도 '지금-여기'로 해석할 수 있는 불멸의 가치를 가지고 있다.

렘브란트와 윤동주의 예수님

예수님은 우리를 죄(하나님과의 단절)에서 구원(회복)하려 인자(人子)로 오신 메시아(그리스도)이시다. 구약에서 "보라 처녀가 잉태하여 아들을 낳을 것이요 그의 이름을 '임마누엘'이라 하리라."(이사야 7:14)는 말씀은, 예수님께서 동정녀 마리아에게서 태어나심으로 실현되었다. 임마누엘은 하나님께서 우리와 함께 계신다는 뜻이다. 예수님은 인류의 죄를 단번에 십자가에서 해결하시기 위해 돌아가셨고, 부활하셔서 오늘도 살아계시며, 영원토록 우리와 함께 하신다(히브리서 13:8).

성부-성자-성령의 삼위일체이신 하나님께서 스스로 사람이 되셨기에, 예수님은 신성(神性)과 인성(人性)을 가지고 계신다. 중세의 그림에서는 신성을, 그 이후의 그림에서는 인성을 강조하였다.

렘브란트는 인자(人子) 예수를 그렸다. 오늘날 예수님의 실제 얼굴은 알 수 없다. 많은 화가들이 초상화를 그렸지만, 화가가 신심(信心)으로 상상한 이미지일 뿐이다. 당연히 화가마다 예수님 모습을 달리 그렸고, 같은 화가의 그림이라도 그릴 때마다 예수의 모습은 달랐다.

렘브란트 「예수님 초상화」, 1645~50,
떡갈나무판에 유채, 25x12.6cm, 베를린 국립미술관.

   렘브란트는 성경에 충실한 예수님을 그리기 위해, 유대인 젊은 남자들을 모델로 삼아 초상화를 8개 정도 그렸다고 한다. 「예수님 초상화(Christuskopf)」도 그중 하나다.
   "그는 주 앞에서 자라나기를 연한 순 같고 마른 땅에서 나온 줄기 같아서 고운 모양도 없고 풍채도 없은즉 우리의 보기에 흠모할 만한 아름다운 것이 없도다."(이사야 53:2)라는 성경 말씀에 충실하게 그렸다. 중세 내내 표현해 왔던 지엄하신 구세주 예수의 모습, 즉 머리에 후광이 있는 경건하기 이를 데 없는 신성을 강조한 모습이 아니라, 인성을 강조한 지상의 삶을 사신 인간 예수님을 그렸다.
   "나는 세상의 빛이니 나를 따르는 자는 어둠에 다니지 아니하고 생명의 빛을 얻으리라."(요한복음 8:12)는 말씀을, 렘브란트는 화폭에 구현하려 했다. 빛을 가장 잘 활용한 화가인 렘브란트의 작품에서 보면 어두운 배경에, 강조하고 싶은 것을 빛의 효과로 잘 살려내고 있다. 그가 그린 예수님의 얼굴을 비추고 있는 빛은 영적인 빛이며, 우리에게 희망의 빛이다. 바울이 다메섹에서 보았던 빛이다.

> *괴로웠던 사나이*
> *행복한 예수 그리스도에게처럼*
> *십자가가 허락된다면*
> *모가지를 드리우고*
> *꽃처럼 피어나는 피를*
> *어두워가는 하늘 밑에*
> *조용히 흘리겠습니다*
>
> *– 윤동주, 「십자가」 부분.*

윤동주는 예수님이, 사람들이 죄에서 허우적대고 있는 것을 괴로워했던 사나이면서, 한편으로 하나님의 뜻을 이루기 위해 십자가에 피를 흘리셨기에 메시아의 역할을 다했던 행복한 예수님이라는 것이다.

윤동주는 예수 그리스도를 스승으로 삼고, 스물아홉이라는 꽃 같은 나이에 이국 땅 차디찬 감옥에서, 우리 민족이 일제의 사슬에서 벗어나기를 소원하며 죽었다. "죽는 날까지 하늘을 우러러/ 한 점 부끄럼이 없기를" 바랐던 윤동주는, 예수 그리스도를 본받아 우리 민족을 해방시키려 했던 순교자였다.

고통을 치유하시는 하나님

　질병과 죄악은 인류의 적이었지만 항상 하나님의 통제 아래 있었다. 구약에서, 불뱀(죄악)에 물려 죽는 고통을 통해 백성들을 질책하시면서도, 놋뱀(구원)을 바라봄으로써 치유 받는 길도 열어 주셨다. 신약에서는, 많은 질병을 고치시면서 구원의 메시지를 주신 예수님의 행적을 통해, 우리가 질병을 맞닥트릴 때 어떻게 대처해야 하는지를 알려 주신다.
　질병과 재난 앞에서, 무엇보다 지금 우리가 회개해야 할 것이 무엇인지 반성하고, 하나님이 주신 과학이라는 도구로 치유와 예방할 수 있는 방법을 발견하려고 노력하는 동시에, 반드시 구원해 주실 것이라는 믿음으로 무장해야 한다.

　요즘 코로나19를 비롯하여, 과거 페스트 등 질병이 창궐했을 때의 역사들을 돌이켜 보면, 인류의 끝없는 욕심으로 파괴되어 가고 있는 환경의 위협, 최근의 'n번방 사건'과 같은 도덕적 문란, 사람들의 능력과는 별 관계가 없는 구조적인 문제로 인한 극심한 빈부격차, 이를 해결하기 위해 앞장서야 할 종교 및 정치 지도자들의 욕심과 일탈들에 대한, 하나님의 경고라 할 것이다.

　노아의 홍수 때에 물로, 소돔과 고모라의 죄악을 불로, 중세의 타락을 페스트라는 질병으로 꾸짖으신 것처럼, 하나님이 창조하시고 잘 관리하라고 명령하신 바를 지키지 않고 이 세상을 황폐하게 만들고 있는데 대한 징계의 메시지다.

　불치의 병을 치료하시며, 나사로처럼 죽은 자를 살리신 예수님 행적을 적지 않은 사람들은 의심 혹은 기적이라는 단어로 얼버무리지만, 모두 있을 수 있는 하나님의 절대주권에 속한 '일상'의 하나라 하겠다. 다만 우리 인간에게 주어진 한정된 이성으로는, 지금은 이해할 수 없지만 언젠가는 이해할 수 있는 날이 온다. 과학의 발달로 옛날에는 볼 수도 알 수도 없었던 일이 명명백백하게 밝혀지고 있는 사실로도 미루어 알 수 있다.

　과학의 발전은 신에 대한 도전이 아니라, 하나님께서 주신 치유법 혹은 해결책을 찾아가는 과정이다. 무슨 치료약과 예방약을 발견하든, 인간의 능력으로는 어쩔 수 없는 면역력이 생겨야 질병이 퇴치되고, 수술 현장에서 집도는 인간이 하지만 최종적인 치유는 하나님의 영역이다.

　많은 예술작품에는 인류를 괴롭혔던 사건들로부터 하나님께서 어떻게 구원하셨는지 보여주는 생생한 기록이 담겨 있다. 반다이크의 그림 「놋뱀」을 보자. 왼편에서 두 번째 인물이 모세다. 화면 오른편에서는 뱀에 물려 공포에 사로잡힌 사람들이 모세 앞으로 몰려오거나 넘어져 있다. 이 그림의 핵심인 놋뱀은 희망과 구원을 상징하는 이미지다. 백 마디 말보다 이 그림 하나가 더 큰 깨달음을 준다. 놋뱀을 바라본 이스라엘 백성들이 구원을 받았듯이, 잘못을 회개하고 십자가를 바라보는 사람은 누구든 죄와 사망의 권

반다이크, 「놋뱀」, 1618~20, 캔버스에 유채, 207x234cm, 마드리드 프라도 미술관.

세로부터 구원을 받게 된다.

  요즘 코로나19를 비롯하여 자주 인류를 위협하는 사건들을 통해 우리는 한없이 연약한 존재라는 것을 실감한다. 하나님이 주신 대처방법을 열심히 찾아보면서 우리의 잘못을 깨닫게 되면 반드시 구원의 길을 보여 주신다.

부활과 승천을 품은 예술

예수님 부활 사건이 없으면 기독교는 존재할 수 없다. 그리스도께서 다시 살아나신 일이 없었으면, 우리의 믿음도 헛되고 여전히 죄 가운데 있을 것이다(고린도전서 15:17). 예수님은 성경 말씀대로 사흘 만에 다시 살아나 열두 사도는 물론 한 번에 오백 명이 넘는 형제들에게, 그리고 바울에게도 나타나셨다(고린도전서 15:4-8).

예수님이 십자가에 처형될 때 제자들은 도망갔다. 재판정 가까이에 있었던 베드로는 세 번이나 예수님을 부인하고, 다시 어부로 돌아갔으나, 부활한 예수님이 갈릴리로 찾아오셨다. 제자들은 모두 예수님의 부활을 확인한 후 '숙명처럼 돌아와' 순교하게 된다. 부활이 우리 이성으로는 받아들이기 힘든 사건일 수 있지만 역사적 사건이라는 증거다. 부활은 하나님의 절대주권에 의한 초월적 사건이다.

부활한 예수님은 사도행전 등에 따르면, 40일 동안 제자들과 함께 계셨다가 승천하셨다. 돌에 맞아 죽은 스데반은 하늘에서 예수님이 하나님 우편에 서신 것을 보았다(사도행전 7:55). 예수님의 승천으로 인해 성령님이 우리와 함께 계시며, 그리스도께서 세상 끝

김기창, 「승천」, 1952~53, 비단에 채색, 63x76cm, 서울미술관.

날까지 함께 하시리라는 것을 믿을 수 있게 되었다(마태복음 28:20).

  부활과 승천이라는 인류에게 가장 복된 소식을 예술가들이 놓칠 리 없다. 음악가 집안에서 태어난 바흐(C.P.E. Bach)는 「예수의 부활과 승천」이라는 오라토리오를 썼다. 헨델이 작곡한 오라토리오 「메시아」는, 단순한 예수의 일생이 아니라 구세주를 부각시킨 불후의 명곡으로, '예언과 탄생', '수난과 속죄', '부활과 영원한 생명'의 3부로 구성되어 있다. 바흐나 헨델같은 작곡가는 물론 그 노래를 부르는 가수들, 그리고 감상하는 우리들 모두, 부활-승천

부활과 승천을 품은 예술   103

하신 예수님을 생각하며, 음악을 통해 구원의 은혜를 확인한다.

시인들도 부활에 대해 외면할 수 없다. 부활절마다 축시가 기독교 신문에 등장할 뿐만 아니라, 많은 시인들이 진솔한 신앙고백을 시에 담는다. 수녀 시인 이해인은 「사월의 환희」에서, "부활하신 당신 앞에/ 숙명처럼 돌아와/ 진달래 꽃빛 짙은/ 사랑을 고백한다." 부활절이 있는 4월은 우리나라에서 진달래꽃이 만발할 때다. 기나긴 겨울을 견디고 봄을 맞이하는 상징적인 꽃이다. 고통 후의 축복은 한층 더 큰 축복으로 다가온다. 욥이 그랬다.

화가들은 예수님의 승천 장면을 표현할 때 일반적으로, 하늘에는 예수 그리스도가 영광스럽게 하늘로 오르는 모습으로, 지상에는 성모 마리아를 중심으로 그 광경을 바라보는 제자들로 나타낸다.

서구에서는 부활과 승천에 대해 많은 그림이 그려졌으나, 한국에서 「예수의 일생」을 체계적으로 그린 것은 운보 김기창이 최초가 아닐까 싶다. 그가 그린 총 30개의 그림 중 「승천」에서 예수님은 갓을 쓰고 도포를 입고 있다. 머리에 후광을 그려서 예수님이라는 것을 구별하고 있다. 처네를 쓴 왼쪽의 여인들 중에 머리에 후광이 있는 여인은 성모 마리아인 듯싶다. 오른쪽의 성도들도 전부 갓을 쓰고 도포를 입었다. 예수는 서민 출신인데 선비는 양반이 아니냐는 비판이 있었는데, 운보는 예수를 정신적 지도자의 모습으로 그리고 싶었다고 대답했다고 한다. 예수님의 실제 얼굴은 아무도 모른다. 화가들 각자 믿음의 산물이다. 나는 예수님을 어떻게 그릴 수 있을까?

죽음과 영생

T.S. 엘리엇의 시 「황무지(The Waste Land)」 에피그라프에 다음과 같은 구절이 있다. "쿠메의 한 무녀가 독 안에 매달려 있는 것을 내 눈으로 보았다. 그때 아이들이 '무녀, 당신은 무엇이 소원이오?'라고 묻자, '난 죽고 싶어요.'라고 그녀는 대답했다."

쿠메의 무녀(巫女)는 로마신화에 나오는 이야기다. 아폴론을 섬겼던 무녀는 남다른 예언의 능력과 아름다움을 가졌는데, 아폴론이 그녀에게 한 가지 소원을 들어주겠다고 말하자 영원히 죽지 않게 해 달라고 요청하면서도, 늙지 않게 해 달라는 말은 하지 못했다. 결국 계속 늙어 몸이 오그라들면서 사람들의 조롱거리가 되었다. 죽고 싶어도 죽지 못해 살아 있는 것이 차라리 죽음보다도 못하게 된 것이다. 인간의 속성은 결국 이 세상에 태어났으면 언젠가는 이 세상을 떠나야만 한다. 엘리엇의 「황무지」는 '죽고 싶은데 죽을 수도 없는, 죽음을 통해 영원한 생명을 얻을 수도 없는, 당시의 비극적 상태'를 은유하고 있다.

인간에게 있어 죽음은 영원한 사라짐이 아니라, 이 세상과의 이별일 뿐이다. 성경에 의하면 우리는 이 세상을 떠나 천국이든 지옥이든 혹은 가톨릭에서 말하는 연옥이든 가게 된다. 살아서 천국에 든 에녹도 엘리야도 이 세상에서 볼 수 없다. 죽었다가 예수님의 명령으로 다시 살아난 나사로도, 죽음을 이기시고 부활하신 예수님도 결국은 '지금-여기 이 세상의 몸'으로 있는 것은 아니다. 부활은 고통도 질병도 없는 천국 백성으로서 다시 태어나는 것이다. 기독교인들에게 죽음은 부활, 즉 새로운 탄생을 위한 축복인 셈이다. 그것을 확신하기에 숱한 순교자들이 있었지 않았을까. 나의 좁은 소견으로는, '이전 것은 기억되거나 마음에 생각나지 아니하는, 영원히 기뻐하며 즐거워할 새 하늘과 새 땅'(이사야 65:17-18)이, 지상에서 열릴 수도 있겠지만 꼭 지구여야 할 것 같지는 않다.

부활한 몸은 어떤 모습일까. 고린도전서 15장에 잘 설명되어 있다. 씨가 썩어 새로운 싹이 나서 나무와 풀꽃으로 자라듯이 우리도 죽은 후에 새로운 영적인 모습으로 부활하는 것이다. 우리가 막 태어났을 때에 찍은 사진과 죽음을 앞둔 사진을 비교해 보면 전혀 다른 사람이 된 것처럼, 우리가 죽은 후 부활하는 모습은 이 세상에서의 몸과 다른 영적인 몸으로 영생의 몸이 되는 것이다(고린도전서 15:52~53). 우리가 살아 있을 때에 예수님이 재림하시면, 역시 죽을 수밖에 없는 육적인 모습이 아니라, 영적인 불멸의 몸으로 변한다.

안젤리코 「나사로를 다시 살리심」에서 예수님 앞에 무릎을 꿇고 있는 여인은 마르다와 마리아다. 수의를 입은 나사로가 일어나 서 있는데 그의 뒤에 서 있는 한 여인이 냄새가 지독하여 코를 손으로 막고 있다. 예수님께서 살리신 나사로는, 마르다와 마리아의 믿음을 미루어보면, 천국에 들 만한 믿음을 가졌다. 죽음으로,

안젤리코, 「나사로를 다시 살리심」, 1450, 목판에 템페라, 38.5x37cm, 산마르코 미술관, 피렌체.

악취가 나는 옛것을 버리고 천국백성으로서의 자격을 갖춘 사람으로 다시 태어난 것이리라.

'나를 믿는 사람은 죽어도 살겠고 살아서 나를 믿는 사람은 영원히 죽지 않을 것이다.'(요한복음 11:25-26)에서 영원히 죽지 않는다는 것은, 엘리엇 시 「황무지」의 무녀가 의미하는 것과는 다른 영생이다. 성경에서 말하는 영생은 천국백성으로서의 영생을 의미하지만, 쿠메 무녀는 세상 죄악의 DNA를 버리지 못해 죽지 못하고 있는, 단지 이 세상에서의 오래 살고 있는 것을 뜻할 뿐이다. 죽고 싶어도 죽지 못하고 있는 것만큼 불행한 것은 없을 것 같다.

예수 그리스도를 믿고 따르는 자는, 죽음 이후에 죄의 옷을 벗어버리고 부활하여, 하나님의 형상(Imago Dei)을 회복하여, 영생하지만, 원죄의 허물을 벗지 못하면 지옥에서 영원히 살 수밖에 없을 것이다.

연단을 통한 축복: 야곱

야곱은 겁도 많았고, 주위 사람들을 속이고 또 속기도 하는 우리 주위에서 흔히 볼 수 있는 보통 사람이다. 갖은 세상적인 꼼수로 살았지만, 하나님께 전심으로 매달려 믿음의 조상이 되었고 자식들은 이스라엘 열두 지파의 시작이 되었다. 특히, 죽음 직전까지 이르렀던 막내아들 요셉은 많은 어려움을 겪었지만 하나님만 바라보고 살아 이집트 총리가 되어 이 세상 삶에도 성공한 인물이다. 부모들에게 가장 큰 복 중의 하나가 자식들이 잘되는 것이 아니겠는가.

필자가 프랑스 니스에 있는 샤갈미술관에서 직접 만난 「천사와 씨름하는 야곱」에서 샤갈은 자신의 삶을 야곱의 삶에 투영하여 묘사하고 있다. 숱한 역경을 겪었던 샤갈뿐만 아니라, 우리 모두는 야곱과 같은 삶을 살고 있다. 다만, 시련과 이에 대응하는 신앙의 자세에 따라 하나님께 받는 복의 크기가 다를 뿐이다.

그림 중앙은, 얍복 강가에서 야곱과 하나님의 사자인 천사가 씨름하는 장면으로, 약삭빠른 '야곱'에서 하나님의 인정을 받은 '이스라엘'로 인생의 대 전환점이 되는 장면이다. 우리가 세상살이에서 막다른 골목에 이르렀을 때 목숨걸고 하나님께 매달리면 구원의 길을 열어주신다는 것을 보여준다.

그림의 좌측 상단은 라헬과 결혼한 야곱의 행복한 모습을, 샤갈 자신과 아내 벨라의 모습으로 그렸다. 좌측 중간은 생명의 나무, 좌측 하단은 샤갈의 고향인 비테프스크다. 우측 상단에서 야곱과 라헬은 웅덩이에 빠진 막내아들 요셉을 구하고 있으며, 형들이 이를 바라보고 있다. 우측 아래는 야곱이 아들 요셉의 피 묻은 옷을 보며 눈물을 흘리는 장면이다.

천사를 붙잡고 환도뼈가 위골되는, 말할 수 없는 고통을 참아가면서, 하나님 복을 간구했던 야곱은 147년 사는 동안 '자기중심 살기(시련)'와 '하나님 중심 살기(축복)'를 되풀이하다가, 말년에 그분의 뜻, 즉 숱한 역경도 결국 자신을, 조상 대대로 약속하신 복을 받기에 합당한 사람으로 기르기 위한 것이었다는 것을 깨닫게 된다.

> 한평생 일기장을 정리하며
> 우리 '야곱'은
> 비로소 시력을 회복하고
> 맑은 거울에 비치는 자신을 본다
> 사랑의 매로 얼룩진 시간들이 어느새
> 튼실한 열매로 맺혀 있음을
>
> — 김철교, 「내 사랑 야곱, 서시」 부분.

샤갈, 「천사와 씨름하는 야곱」, 1960~6, 캔버스에 유채, 251x205cm, 샤갈미술관, 니스.

사도 바울은 야곱의 삶을 통해, 구원 받을 사람은 하나님이 창세전에 이미 예정해 놓았으며, 구원의 선택이 인간의 조건과 자격에 의해서가 아니라 전적으로 하나님의 은혜에 따른 것(로마서 9:11)이라고 설명한다. 장로교 핵심교리 중의 하나인 '예정론'의 근간이 되고 있다.

반면 감리회의 '만인구원 사상'은, 모든 사람은 이미 구원을 받을 수 있는 조건을 갖추고 있으며, 구원의 과정에 우리가 하나님을 받아들이느냐 받아들이지 않느냐 하는 '자유의지'가 중요하다. 예정론이든 만인구원사상이든 오직 하나님 은총에 기대면, 우리 삶은 '모든 것이 협력하여 선'을 이룬다(로마서 8:28)는 의미겠다.

　야곱의 삶을 통해서, "고난 당한 것이 내게 유익이라, 이로 말미암아 내가 주의 율례들을 배우게 되었나이다"라고 노래하고 있는 시편 119편의 의미가 요즘 새록새록 가슴에 와 닿는다.

종교지도자의 거울: 바울

바울은 믿음, 실력, 추진력을 갖춘 가장 이상적인 종교지도자였다. 성경에 대한 깊은 지식도 갖추었고, 당시의 그리스 학문에 대한 견문도 넓었다. 또한, 기독교인들을 탄압하기 위해서는, 예수님에 대한 앎도 적지 않았을 것으로 추정된다. 그러기에 역설적으로 기독교도들을 잡으러 다마스커스로 가던 길에, 빛 가운데서 예수님의 음성을 듣고 돌아설 수 있었던 것이리라.

회심 후 아라비아 사막과 고향 다소에서 10여년 간의 명상을 통해 자신의 신앙을 숙성시킨 후에, 예수 그리스도에 대한 확고한 믿음으로 무장하여 목숨 걸고 복음을 전하였다.

바울은 성부 못지않게 성자와 성령의 존재를 부각시켜, 율법에 젖어 있는 사람들을 복음의 세계로 초대하였다. 당시 유대인들에게 하나님의 저주로 여겨졌던 십자가(신명기 21:23)가, 예수님이 피 흘리심으로 인해 구원의 십자가(갈라디아서 3:13)로 바뀐 것을 열심히 전하였다.

오늘날의 종교지도자는, 깊은 성경 지식뿐만 아니라 넓은 세상 지식도 갖추기 위해 끊임없이 노력해야 할 것이다. 성경이, 변화무

쌍한 지금의 세상사를 올바르게 해석할 수 있는 길잡이가 되도록, 성도들을 인도해야 하기 때문이다. 또한, 바울처럼 앞장서서 삶에 있어서도 모범을 보여야 한다. 화려한 학위를 앞세우고 큰 교회를 배경으로 세상을 호령하려는 일부 목회자들이 이단스럽게 변하는 것은, 바울과 같은 회심의 전환점이 없었기 때문이 아닐까 싶다.

'사울'이 다마스커스 가는 길에서 예수님을 만나 '바울'이 된 사건도, 영성 깊은 예술가들에게 많은 작품의 주제가 되었다. 카라바조, 「다마스쿠스로 가는 길에서의 회심」에서 사울을 비추는 빛은 자연의 빛이 아닌 사울만이 느낄 수 있는 영혼의 빛이다. 예수님이 부르시는 음성에, 눈을 감고, 받아들인다는 응답의 표시로 하늘 높이 양손을 들어 올리고 있다. 말의 등에 있는 안장과 들어 올린 발, 그리고 사울에게 집중되는 빛은, 방방곡곡을 힘차게 다니며 하나님의 말씀을 전하라는 뜻을 은유한 것이다. 필자가 신학석사 과정 중에 야곱과 바울의 삶을 깊이 살펴보고, 한 권의 시집으로 묶은 적이 있다.

> *한평생을 불꽃처럼 살아낸*
> *예수님 비서실장*
> *잔병치레 해가면서도*
> *작은 보퉁이 하나 걸쳐 메고*
> *서방(西方)을 맨발로 뛰는*
> *보부상이 되어*
> *이브의 부끄러움을 수거하고, 대신*
> *그 분의 사랑을 나눠주었다*
>   *- 김철교, 「서시」 (『사랑의 보부상』, 2004, 시문학사) 부분.*

카라바조, 「다마스쿠스로 가는 길에서의 회심」, 1601, 캔버스에 유채, 230x175cm, 산타마리아 델 포폴로 성당, 로마.

위 시는 바울의 삶을 한 편의 시로 요약한 것이다. 야곱은 구원받은 평범한 성도의 대명사라면, 바울은 종교지도자의 거울이다. 바울의 선교 중심 사상은, '십자가의 예수 그리스도(메시아, 고린도전서 2:2)를 오직 믿음으로 구원을 받는다는 복음(로마서 3:28)'이다. 바울은 신약성서 27권 중에 히브리서를 포함하면 14권을 썼고, 복음의 진리에 대한 확신을 가지고 30여 년간 열혈 선교사로 활동한 가장 멋있는 종교지도자였다.

엘 그레코가 그린 「베드로의 눈물」

 기독교인들을 탄압하는 데 앞장섰던 바울의 회심도, 예수님을 세 번이나 부인한 베드로의 눈물도, 메시아 예수 그리스도의 나라를 확충하는 큰 전환점이 되었다.
 죄가 없는 사람은 돌로 치라고 했던 예수님은, 당시에 죽을 죄를 지었던 간음한 여인을 용서했건만, 이 시대에는 친일이나 부역(附逆)을 회개하는 마음으로 국가와 민족을 위해, 군인으로 예술가로 종교인으로, 사회 각계각층에서 헌신한 사람들에게 돌팔매질을 멈추지 않고 있다.
 예수님 당시에는, 죄가 없는 자가 돌로 치라고 말씀하셨을 때, 모두 집어 든 돌을 내려놓고 사라졌지만, 요즘은 오히려 더 뻔뻔하게 자기는 잘못이 없다는 듯, 마치 평등 공정 정의의 사도인 듯, 사회를 들쑤시고, 미래의 청산대상 목록에 자신의 이름을 올리고 있다. 물론 친일로 혹은 부역으로 자기 잇속만 챙긴 사람까지 용서해야 하는 것은 아니지만.
 베드로는, "내가 누구냐"는 예수님의 질문에 "주는 그리스도시요 하나님의 아들"이라고 대답하자, 예수가 "너는 베드로라, 내가 이 반석 위에 내 교회를 세우리니 음부의 권세가 이기지 못하리라"고 하셨다(마태복음 16:15~18). 그럼에도 충동적이고, 많은 약점을 가진 베드로다.

복음서에는 베드로가 보인 인간적인 약점들에 대해서 자세히 기록되어 있다. 특히, 예수님이 자신의 수난과 부활에 관해 예고했을 때, 베드로가 이를 말리자, 베드로에게 '사탄아, 물러가라. 너는 나를 넘어지게 하는 자'라고 꾸짖으셨다(마태복음 16:21~23). 또 예수님이 대제사장에게 끌려가 심문을 받고 있을 때 세 번이나 예수를 모른다고 부인했다(마태복음 26:69~75).

베드로는 예수와 마리아를 제외하고 기독교 미술에 가장 많이 등장하는 인물이라고 한다. 대부분 베드로는 커다란 열쇠를 든 모습(마태복음 16:19)으로 자주 표현되며, 때로는 인간적 약점을 상징하는 의미로 수탉과 함께 그려진다(마태복음 26:74).

엘 그레코(El Greco, 1541~1614)의 「눈물을 흘리고 있는 성 베드로」 연작은 전 세계 미술관과 성당 등이 많이 소장하고 있지만, 톨레도의 엘 그레코 박물관에 소장되어 있는 작품이 가장 탁월한 진품으로 인정되고 있다.

다른 제자들은 스승님을 버려도 자기는 결코 스승님을 떠나지 않겠다고 굳게 맹세했지만, 예수님을 모른다고 세 번이나 배신했던 나약한 자신을 돌아보고, 눈물을 흘리며 용서를 청하고 있다. 기도하는 자세로 깍지를 낀 두 손과 팔의 근육은 베드로의 결연한 의지와 믿음을 상징한다. 베드로는 예수님께서 그에게 맡기신 천국의 열쇠를 굳건히 차고 있다. 베드로가 참회의 눈물을 흘리는 순간, 용서의 빛이 베드로를 비추고 있다.

『사도행전』에 기록된 베드로의 행적에 의하면, 베드로는 예수의

엘 그레코, 「눈물을 흘리고 있는 성 베드로」, 1587~96, 캔버스에 유채, 109x88cm, 엘 그레코 박물관, 톨레도.

죽음 이후 초대 교회의 지도자로서 여러 지방을 두루 다니며 기독교를 확산시키는 데 주력했다. 가톨릭교회의 전승에서는 베드로가 로마로 가서 교회를 세워 초대 주교가 되었으며, 네로 황제 때인 64년 무렵에 바울과 함께 로마에서 순교했다고 전해진다.

3

낯선 땅 이야기

러시아-시베리아 횡단열차에 실린 보따리

'러시아 시베리아 횡단열차 여행'은 적지 않은 사람들의 버킷리스트(죽기 전에 꼭 하고 싶은 일 목록) 중의 하나다. 2018년 8월 13일 오전 10시 인천공항을 출발하여, 블라디보스토크에서 이르쿠츠크와 모스크바를 거쳐 상트페테르부르크까지 12박 13일간의 여행이었다. 특히, 만 7일간을 기차 안에서 생활해야 하는 여행으로, 러시아 문학과 예술에 대한 책을 읽고 사색하기에 딱 좋은 기회였다. 이번 여행 프로그램의 아쉬운 점은 이르쿠츠크, 모스크바, 상트페테르부르크에 머무는 시간이 많지 않아 역사적으로나 예술적으로 유명한 곳을 찾지 못한 점이라 하겠다. 다행히 나는 이 세 도시를, 학회 활동과 관련하여 심층 여행한 적이 있어 아쉬움이 덜했다.

8월 13일 첫째 날: 블라디보스토크

인천공항은 이른 아침인데도 붐볐다. 가지각색의 여행 가방에는 무슨 이야기들이 실려 있을까. 겉옷에서 속옷까지 여러 가지의 옷들에 배여 있는 삶의 향기들은 모두 다를 것이다. 과연 어떤 체취

블라디보스토크 역 앞에서

들이 시베리아 벌판에 펼쳐질까.

  아침 5시에 일어나 며칠 전부터 챙겨 놓은 가방을 들고 지하철과 공항철도를 타고 7시경에 인천공항에 도착하여 예약해 놓은 루블화를 찾고, SK텔레콤 부스에 가서 러시아 지역 로밍상품에 가입한 후, 일행이 모이기로 공지되어 있는 대한항공 체크인 데스크 가까이 있는 G카운터로 갔다.

  부어 있던 아내의 얼굴이 좀 환해졌다. 기실 이번 여행은 아내의 버킷리스트라고 할까. 나는 2003년 7월에 이미 이르쿠츠크를, 2015년 6월에 모스크바와 상트페테르부르크를 비교적 상세히 누볐기 때문에 별 매력이 없었으나, 아내는 러시아 소설과 노래를 무척이나 좋아해서 시베리아 횡단열차를 꼭 타고 싶다고 십여 년 전부터 노래를 불렀다. 이번 여행 시작 전에도 『닥터 지바고』를 비롯해 적지 않는 러시아 소설들을 최신 번역판으로 새로 구입했다. 나도 기차 속에서만 온전히 7일을 보내야 해서 러시아 문화와 예술에 대해 정리해보는 기회로 삼고자 몇 권의 책을 구입했다.

우리 내외는 가방을 챙기면서부터 팽팽한 기 싸움이 펼쳐졌다. 나는 짐을 줄이라고 했고, 아내는 러시아 일기예보 상황별로 이 옷 저 옷 챙기고, 각종 화장품을 작은 병들에 옮겨 담았다. 아침저녁으로 한 움큼씩 먹는 약도 챙긴다. 무슨 시베리아 패션쇼에 나가냐고 비아냥거리는 남편과 여자들의 필수품이라고 항변하는 아내. 결국 3개의 캐리어를 두 개로 줄였으니 남편의 판정승이었으나 가방 속에는 대부분 아내의 옷이 담겼다.

이번 단체 여행객 32명의 얼굴들은 우리 내외에게는 모두 처음 보는 얼굴이었으나, 그중 몇몇은 서로 아는 사람끼리 팀을 이루었는지 형님 동생하면서 인사를 나눈다.

해외여행은 항상 설렘으로 시작하여, 낯선 것에 대한 고생을 불평하고, 얼마 지나면 익숙해진다. 여행이 끝나는 마지막 공항에서 짐을 찾으면서부터는 추억으로 바뀐다. 고생스러울수록 두고두고 주고받는 이야깃거리가 많아지는 것이 해외여행의 매력인 것이다.

모스크바에서 블라디보스토크까지 연결하는 9,288km의 시베리아 횡단 철도(Trans Siberian Railroad : TSR)는 과거 러시아 제국과 소련의 경제·군사·정치사에서 매우 중요한 역할을 해 왔다. 1891년에 시작해 1916년에 완공한 세계에서 가장 긴 철도다.

대한항공여객기 KE-981에 10시경에 탑승, 두 시간 반 정도 비행하여 블라디보스토크에 도착하였다. 블라디보스토크는 1860년 러시아 군사기지로 세워져 1872년 러시아의 태평양 해군기지가 이전한 후 급속도로 발전하기 시작했다. 1903년에는 모스크바까지 시베리아 횡단열차가 완공되어 극동지역 군사 요충지로서뿐만 아니라 대외교역의 중심지 역할을 하고 있다.

현지 가이드의 안내를 받아 맨 처음 방문한 곳이 '빠끄롭스키 정교회'였다. 지루할 만큼 장황한 설명이 끝난 후, 가까이에 있는 '잠수함박물관(C-56)'과 '영원의 불꽃', '니콜라이 개선문'을 찾았다.

'빠끄롭스키 성당'은 블라디보스토크에서 가장 큰 러시아 정교회 성당이다. 1902년에 처음 지어진 이 성당은 소비에트 정권에 의해 폭파되었다가 2000년대에 들어서서 지금처럼 복원되었다.

러시아 정교회는 러시아인들의 정신을 지배하는 핵심 요소다. 러시아 예술도 정교회를 빼놓고는 이야기할 수 없다. 기독교는 정교회, 성공회, 가톨릭, 개신교로 크게 나뉜다. 러시아 정교회 역사는 988년 키예프 대공국의 블라디미르 1세가 비잔티움 제국으로부터 받아들여 국교로 삼으면서 시작되었다. 처음부터 군주에 의해 받아들여진 정교회는 정치권력과 밀접한 관계를 맺으며 성장했다. 모스크바 공국이 중앙집권화를 이루는 과정에서 지배이데올로기가 되어 왕실과 함께 번창하게 된다.

그러나 오랜 분열을 겪으면서 차르(러시아의 최고 통치자를 의미) 권력에 종속되었다. 표트르 대제는 상트페테르부르크로 천도하면서 당시까지 지배이데올로기로 작용했던 종교의 권위에 더 이상 기대지 않게 된다. 1721년 표트르 대제 때부터 시작된 탄압은, 1917년 2월 혁명으로 차르가 퇴위당하면서 정치권력으로부터 벗어나는 듯싶었지만, 10월 혁명으로 볼셰비키가 권력을 장악하면서 다시 공산당의 가혹한 박해를 받게 된다. 공산주의 시절 박해를 받던 러시아 정교회가 종교의 자유를 얻게 된 것은 1990년 고르바초프에 의해서다. 러시아 정교회는 러시아인들의 삶과 정신에 큰 영향을 미쳐왔다.

'니콜라이 개선문'은 러시아 황제 니콜라이 2세의 블라디보스토크 방문을 기념하여 1891년에 지어졌지만 1927년 볼셰비키에 의해 훼손되었다가 2003년에 복원되었다. 당시 왕위 계승 전통에 따라 니콜라이 2세는 왕위에 오르기 전, 러시아의 여러 지역을 방문하였고 그가 방문했던 지역마다에 개선문을 세웠다.

개선문 옆에는 '잠수함박물관(C-56)'이 있다. 1939년 진수식을 가진 이 잠수함은 2차 세계대전 당시 전투에서 혁혁한 공을 세웠고, 승전 기념 30주년 되던 1975년 박물관으로 바뀌었다. 박물관 안에서는 전투 당시 사용되었던 어뢰, 조타실, 잠망경 등을 볼 수 있고, 사령관실과 수병들의 생활공간도 그대로 재현되어 있다. 박물관 우측에는 무명용사를 기리기 위한 '영원의 불꽃'이 활활 타오르고 있다.

저녁 식사는 '명가'라는 한식당에서 왕게(킹크랩)를 실컷 먹었다. 우리나라에서 가격이 비싸지만 원산지가 러시아인지라 블라디보스토크에서는 캄차카에서 잡은 싱싱한 킹크랩을 싸게 먹을 수 있어서 블라디보스토크 여행의 필수코스가 되고 있다.

저녁 식사를 한 후 '블라디보스토크 혁명광장'에서 한민족의 디아스포라 역사를 듣고, '굼옛마당'에 있는 슈퍼마켓에 들러서 기차 속에서 먹을 식료품을 구입하였다. 컵라면 계통과 과일 그리고 빵과 과자 등 기차 속에서 끼니를 때울 식품을 주로 구입하였다. 3

일간을 계속 기차 속에서 숙식을 하다가, 이르쿠츠크에서 하차하여 1박 하기 때문에 시장에 갈 기회가 없어, 그동안 지낼 비상식량을 챙겼다.

'블라디보스토크 혁명광장'에는 1917년~1922년 소비에트 혁명을 위해 투쟁한 용사들을 기리는 동상이 바다를 향해 우뚝 서 있다. 이곳 중앙광장은 스탈린의 민족재배치 정책에 의해 1937년 고려인들이 강제 이주 될 때 집결지였다. 그때의 열악한 횡단열차를 타고 30~40일

시베리아 횡단열차 출발점 표지판

정도 걸려 중앙아시아 방면으로 계속 남하하여 카자흐스탄 및 우즈베크 공화국 등에 정착하였다.

'굼옛마당'은 우리나라 홍대, 이대 거리와 비슷한 느낌을 가지고 있는 동네로, 멋진 카페와 레스토랑 그리고 유명한 초콜릿을 파는 슈퍼도 있고, 숙소도 많아 한국 사람들이 많이 드나드는 곳이라고 한다. 간판에 한국어가 많이 보인다.

'블라디보스토크 역사(驛舍)'는 모스크바의 야로슬라블 역사와 비슷하게 17세기 풍으로 지어졌다. 플랫폼에는 예전에 사용했던 기

관차 모형도 전시되어 있고 시베리아 횡단철도의 총 길이를 나타내는 '9,288km' 기념비가 러시아 문장 쌍두 독수리와 함께 세워져 있다. 저녁 22:50에 009열차를 타고 이르쿠츠크를 향해 출발하였다. 원래 여행사 안내책자에는 007열차로 되어 있었는데 좀 낮은 등급의 열차인 것 같다. 시설이 사전 설명회 때와는 딴판인데다 잔뜩 끌고 온 짐들을 이동할 때 도와주는 현지 가이드도 오지 않아 일행의 불만이 적지 않았다.

8월 14일 둘째 날: 기차 속에서

우리 내외는 하루 내내 기차 안에 있었다. 승차 시에는 무척 더웠다. 달릴 때는 또 너무 추웠다. 에어컨이 기차가 달릴 때만 가동되었다. 4인실이 9개가 있는 우리 일행만 타는 전용 객차다. 18량을 달고 달리는 기차의 6번째 객차이고 우리 부부의 좌석 번호는 25번에서 28번까지. 4인실 한 칸을 우리 내외가 모두 사용했다. 추가 요금은 일 인당 100만 원 총 200만 원을 더 지불했다. 2015년에 내가 모스크바에서 상트페테르부르크까지, 같은 종류의 야간 기차여행을 한 적이 있어 그 불편함을 알기에, 4인실을 우리 부부가 모두 사용하도록 추가 경비를 부담한 것이다. 그러나 수십 년 전 우리나라 무궁화 열차처럼 열악하기 그지없는 객차다.

객실 안에는 전기코드를 꼽을 수 있는 콘센트가 없어 노트북이나 핸드폰 충전할 때, 우리 일행 모두 객차 복도에 있는 두서너 개의 콘센트를 공동으로 이용해야 했다. 게다가 열차 내에 있는 온수기(사모바르)의 물은 색이 투명하지 못하여, 커피나 컵라면을 끓여 먹기 위해 전열기를 너도나도 사용하다 보니 전기가 자주 나갔다.

화장실의 변기 뚜껑은 깨져 있었고, 화장실 내부도 여기저기 녹이 슬고 거친 페인트칠, 낡아빠진 쓰레기통도 금방 용량이 넘쳤다. 한 칸을 전세 내어 특별한 여행이 될 것이라고 설명회 때마다 자랑을 하던 여행사 측에 대한 원망이 대단했다.

게다가 우리 칸의 차장 나타샤조차 신경질적이었다. 손님들이 여러 가지 기념품도 사 주고 수고한다고 팁을 몇 루블씩 쥐어줘도 웃는 모습을 볼 수 없었다. 나도 1,060루블에 시베리아횡단 열차가 컵 받침에 새겨진 유리컵을 하나 샀다. 차장은 역마다 정차 시에 안내(차장 유니폼을 입고)는 물론 청소도(앞치마를 두르고) 하고 기념품도 팔고 참으로 여러 가지 일을 하고 있으니 고단할 것 같아 안쓰러웠다.

하바로브스키역에서는 10:48-11:28까지 제법 길게 정차한다기에 열차 밖 노점상에서 컵 아이스크림을 개당 200루블에 구입했다. 아이스크림 가격만 보면 우리나라와 물가가 비슷하다.

8월 15일 셋째 날: 기차 속에서

새벽안개가 자작나무 사이로 자욱하고 아침 햇살이 자작나무 껍질에 하얗게 빛났다. 창밖은 작은 자작나무 숲과 낮은 풀들이 비슷했다. 하루 내내 기차 속에서 지내야 했기 때문에 책을 읽었다. 집사람은 『닥터 지바고』를 읽어 일행들이 지어준 별명이 지바고 아줌마였다. 나는 『예브게니 오네긴』(푸슈킨 저, 김진영 역, 을유문화사)과 『보리스 고두노프』(푸슈킨 저, 최선 역, 고려대학교 출판부)를 미리 국내에서 새로 구입해서 가져왔다. 두 책은 러시아 문학교과서적인 소설들이다.

    오늘 읽은 『예브게니 오네긴』은, 경제적으로 어려움이 없으며 성격이 오만하고 권태에 젖어 있는 시골 청년의 이야기다. 오네긴은 일종의 잉여인간인 셈이다. 올가와 타티아나 자매와 삼각관계에 얽힌다. 오네긴의 친구 렌스키는 올가에 빠져 있고, 타티아나는 오네긴을 짝사랑한다. 오네긴은 타티아나의 추근거림에 대한 반발로 경박한 올가를 유혹했고, 결국 올가의 애인이자 자신의 친구인 렌스키를 결투에서 죽이게 된다. 얼마간 세월이 흘러 모스크바에서 노공작과 결혼해 잘 살고 있던 타티아나는 오랜 여행과 방랑에 지친 오네긴과 재회한다. 이제는 오네긴이 먼저 몸이 닳지만 타티아나는 오네긴의 열렬한 편지에도 냉혹하게 돌아선다.

    아마자르(Amazar) 역에서 18분 정차(12:23-12:41)할 때 기차역 안에 있는 노점상 할머니에게서 삐라족(고로케의 일종) 40루블, 삶은 달걀 20루블, 블루베리 큰 컵 하나 가득 200루블에 샀다.

    현지 시간(한국과 시차 없음)으로 2시경에 기내 식당에서 점심식사. 총 960루블(Cabbage Soup 197루블, Pork Stewed with Potatoes 679루블, 빵 1조각. Tax까지 붙는다).

    체니쉬잽 역에서 30분 정차(20:34~21:04)할 때 모두들 역으로 나가 동상 앞에서 사진도 찍고 노점상에서 이것저것 사면서 무료함을 달랬다. 15분 내지 30분 정도 잠깐 쉬어가는 정차 역마다에서, 우리 일행은 체조도 하고 현지인들이 농사지은 과일, 토마토나 오이, 현지 빵이나 음료수 등을 사는 것이 즐거움이었다.

열차는 계속 달리고 반복되는 자작나무 숲, 늪지대, 조그마한 호수 그리고 아주 가끔 만나는 작은 집들, 이제 창밖의 풍광은 비슷비슷하여 새로움보다도 무료함이 더 컸다.

열차를 타고 내리며 만나는 혹은 역에서 노점상을 하는 러시아의 여인들은 생활에 찌든 표정에 뚱뚱한 몸매를 뒤뚱거리는 것이 일반적이다. 내가 대학교수로 있을 때 지도했던 러시아 여학생들은 참으로 예뻤다. 러시아 여인들은 결혼하자마자 생활전선에 내몰리면서 몸무게가 불어나기 시작한다. 내전, 외전을 겪으면서 남자 인구가 많이 줄어들어 여성들이 가정을 책임져야 하는 환경이 되어 버렸기 때문에 발생한 현상이다. 남자들은 술 마시고 담배 피고 어리광 부릴 정도로 나약하다고 한다. 여자가 강해서 남자가 나약한 것인지, 남자가 나약해서 여자가 억척스러워진 것인지 알 수는 없다.

8월 16일 넷째 날: 이르쿠츠크 도착

아침이 밝아와 눈을 뜨니 빗방울이 창가에 부딪힌다. 많은 비는 아니다. 초원이 촉촉이 젖는다. 시베리아 하면 눈이 상상되는데 비가 내린다고 하니 모두 웃는다. 우리는 선입견에 젖어 살아가기 마련이다.

필자가 2003년 7월에 중앙일보와 관련 있는 중앙트래블을 이용하여 시베리아학회 주관으로 이르쿠츠크를 방문했을 때는 야생화가 폭발하듯 초원을 채웠으나 지금은 드문드문 웃고 있다. 자작나무 숲도 울창한 곳은 드물고 심은 지 얼마 되지 않은 듯, 크지가 않다. 산과 주택 중간에 공동묘지가 있다. 그 넓은 대지가 많은데도 불구하고 주택단지 옆에 공동묘지라니 우리나라라면 상상도 못할 일이다.

올란우데 역에 가까워오자 '다차'(러시아 주말농장)가 많이 눈에 띄기 시작했다. 올란우데 역에서 25분간 정차(14:20~14:45)했을 때, 곰 세 마리 동상이 역에 있어서 함께 사진을 찍었다.

올란우데 역에서부터 세렝가(selenga) 강을 따라 기차는 달린다. 한참을 달리니 바이칼 호수가 오른쪽으로 보인다. 1860년 안톤 체홉이 '시베리아의 파리'라고 했다는 이르쿠츠크는 1661년 앙가라강변 오른편에 요새 도시로 세워졌다. 설립 당시는 동시베리아 토착민에게 모피나 가죽을 세금으로 걷어 모으던 곳이었으며, 1686년 이르쿠츠크 시로 격상되었다. 1825년 12월 청년 혁명가들인 데카브리스트들이 이곳으로 유배를 왔으며, 그 부인들이 남편들을 찾아 목숨 걸고 찾아온 사건은 유명한 일화다. 그들의 노력에 의해 '시베리아의 파리'로 불릴 정도로 변모하게 된 것이다.

우리 일행은 8월 13일 저녁 22:50분에 블라디보스토크를 출발하여, 8월 16일 22:35분에 이르쿠츠크에 도착하였으니 날짜 수로는 나흘간 달려온 것이다. 저녁 늦게 ibis호텔로 이동하여 짐을 풀었다.

8월 17일 다섯째 날: 알혼섬으로

재래시장을 방문한 후 한민족의 시원이라고 하는 '알혼섬'으로 출발. 재래시장에는 많은 과일들이 우리를 유혹했으나 다음 일정이 바빠 서둘러 출발했다.

사휴르따 선착장 가까이 카페에서 오후 3시에 순 한국식 도시락으로 점심 식사를 한 후, 알혼섬에 가는 배를 기다렸다. 자동차

알혼섬 부르한 바위

를 함께 싣고 가는 바지선을 십여 분간 타고 알혼섬에 도착. 바지선에서 오토바이를 타고 세계일주를 한다는 광주 청년을 만났다. 중국과 몽골을 거쳐 세계 일주를 하고 있다는 것이다. 대단한 한국인이다. 이러한 청년들이 있으니 우리나라의 미래가 든든하다.

바지선에서 내려 4륜구동 8인승 버스를 40여 분간 타고 '후지르 마을'로 이동. 드넓은 들판에 방목하는 소들이 여기저기 무리지어 풀들을 뜯고 있었다. 간간이 말들도 보였다. 방목하는 소들은 차가 지나다녀도 피하지 않고 오히려 우리 쪽으로 다가와 큰 눈으로 우리를 구경하고 있는 듯했다. 방목하는 소들이 주인집을 찾아올 수 있도록 하는 방법은 소금으로 길을 들이는 것이라고 한다. 소들은 며칠씩 밖으로 돌아다니다가 소금을 먹기 위해 자기 집으로 찾아온다.

'바이칼 오스트록'이라는 통나무집 리조트에 도착하여 8동 4호에 짐을 풀고, 조금 걸어서 '부르한 바위'로 이동. 리조트 입구에 '후지르 마을' '환영합니다.'라는 한국어가 친구 보듯 반가웠다. 부르한 바위는 징기스칸이 묻혔다는 전설을 가지고 있다. 바로 옆에는 백사장이 넓게 펼쳐져 있다. 알혼섬은 바이칼 호수에서 가장 큰 섬으로, 여기저기 샤머니즘의 기둥 '세르게'가 세워져 있고 색색의 띠가 펄럭이고 있다. 옛적 우리의 성황당을 생각나게 한다.

예부터 바이칼호 주변에 살고 있던 브리야트 몽골인들은 바이칼을 통해 신들의 세계로 갈 수 있다고 믿었으며 그런 이유에서인지 이곳에 칭기즈 칸의 수중무덤이 있다는 전설이 있다.

인류 학계에서는 유전자 분석을 통해 몽골리언들의 근원지를 바이칼로 추정한다. 빙하기 때 바이칼은 온천이 나오는 곳이어서 구석기인들은 혹독한 추위를 이기기 위해 바이칼 주변에 삶의 터전을 마련했다. 해빙기가 되어 물이 불어나면서 만주와 한반도까지 남하하여 정착했다. '고구려'나 '고려'는 순록을 뜻하는 '코리'나 '고올리'에서 유래된 말이라는 설도 있다. 바이칼 동쪽에서 순록을 기르면서 살아온 유목민 일부가 순록의 먹이를 따라 만주지역과 한반도로 이동했다. 여러 방면의 학술적인 연구에서 바이칼 주변의 브리야트인과 아메리카 인디언, 한국인의 DNA가 거의 같다는 것이 밝혀졌다. 브리야트족의 경우 몽골반점이 있으며, 생김새가 우리와 비슷한 점이 많아 바이칼이 우리 민족의 시원이라는 것을 말해주고 있다.

8월 18일 여섯째 날: 모스크바로 출발

알혼섬에서 일찍 나와 이르쿠츠크로 돌아와서 앙가라강가에 있는 '자임까 리조트'에서 샤슬릭(돼지 꼬치구이 + 감자)과 브르쉐(양파 감자 전통 스프)로 점심 식사.

'딸찌 건축 민속박물관'이 가까이 있었으나 아무래도 기차 시간

(17:00)이 늦을 것 같아 바로 이르쿠츠크 역으로 갔다. 일행들이 오랜 기차 속 생활을 위해 많은 살림살이를 가져왔기 때문에, 버스에 실린 짐이 너무 무거워 힘을 쓰지 못하여 의외로 시간이 많이 걸렸다는 가이드의 설명이다. '딸찌 건축 민속박물관'에는 17세기부터 시베리아에 정착했던 러시아인들의 가옥과 학교, 교회 등 여러 목조건물들이 있다는 곳이다. 우리 부부는 이미 오래전에 시베리아 학회 참석차 이곳을 방문한 적이 있어 덜 섭섭했다.

현지 시간 오후 5시에 기차를 탔다. 14량 기차인데 12호차 7번에 역시 4인승이지만 우리 두 내외가 점령했다. 17:00에 모스크바로 출발하는 69번 열차. 블라디보스토크에서 이르쿠츠크까지 탔던 009기차보다 좋은 기차로 바뀌었다. 우리 칸의 차장도 신경질적인 나타샤에서 친절한 나탈리야로 바뀌었다.

8월 19일 일곱째 날: 기차 속에서

아침 08:50부터 식당칸에서 일요일 예배를 드렸다. 박인걸 목사님은 시편 117편과 118편에 의거 말씀을 전하면서 찬양에 대해 무척 강조하셨다. 찬양을 통해 축복을 받는다고. 오직 우리가 하나님께 드릴 수 있는 것은 찬양뿐이라고.

오늘은 제법 오래 서는 역이 세 군데나 있었다. 크라스노야르스크 역에서 10:35~11:15, 아칭스크 역에서 14:10~14:43, 마린스크 역에서 17:55~18:30. 기차가 정차할 때마다 일행들은 역에 나가 체조도 하고 간식도 사고, 지루함을 극복하기 위해 안간힘을 쓰는 모습들이 역력했다.

우리 내외는 기차 속에서 책을 읽고 글을 썼다. 시인 보리스 파

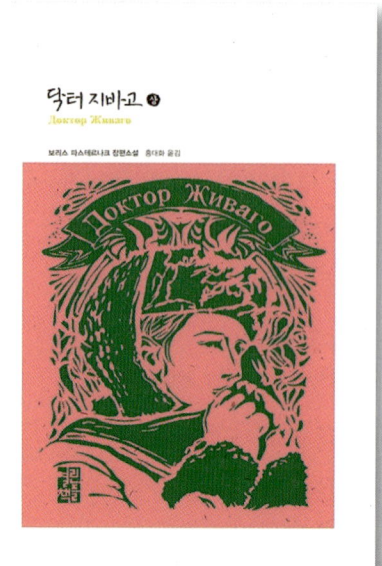

스테르나크가 쓴 소설 『닥터 지바고』. 20세기 초 러시아의 모습을 생생히 전하는 한 편의 대하소설. 줄거리를 명확하게 요약하기 힘들 정도로 여러 인물의 시점으로 진행되고 있다. 보리스 파스테르나크는 본래 시인이었으므로 소설 속에 시적 표현들이 적지 않아 혹자는 서사시 혹은 시소설로 보기도 한다. 부록에는 '유리 지바고의 시' 25편이 실려 있다. 우리나라에서「닥터 지바고」영화가 상영되어 흥행에 성공한 적이 있었다.

    모스크바 부호의 아들로 태어나 8세의 나이에 고아가 된 유리 지바고는 그로메코 가에 입양되어 성장하고, 의사가 된 그는 그 집안의 딸 토냐와 결혼을 약속한다.

    반면 아버지를 일찍 여의고 불우한 환경에서 성장한 라라는 러시아 고위법관인 코마로브스키와 원치 않는 관계를 지속하지만, 이에 환멸을 느끼고 새해 전날 밤 무도회장에서 코마로브스키에게 총을 겨눈다. 여기서 라라를 마주친 유리는 그녀에 대한 호기심이 강했지만, 사라져 버린 그녀를 뒤로한 채 토냐와 행복한 결혼생활을 한다.

    2년 후, 라라는 혁명가인 연인 파샤와 결혼을 하지만, 자신의 과거를 털어놓자 상처받은 파샤는 군에 입대한다. 1914년 1차 대전이 일어나고 군의관으로 참전한 유리는, 남편을 찾아 종군간호부가 된 라라와 우연히 만나게 되고, 이 둘은 사랑에 빠진다.

그러나 전쟁이 끝나고 유리는 모스크바로, 라라는 자신이 태어난 유리아틴으로 떠난다. 전쟁 후 혁명정부가 수립된 러시아에서 더 이상 예전의 삶으로 돌아갈 수 없다는 것을 깨달은 유리와 그의 가족은 토냐의 고향인 유리아틴으로 가게 된다. 라라와 유리는 다시 만나 서로의 사랑을 확인한다.

토냐와 라라 사이에서 혼란스러워하던 유리는, 라라의 관계를 알게 된 라라의 남편이자 빨치산 간부인 파샤의 지시로 빨치산 캠프로 끌려가 그들과 함께 생활한다. 유리는 그곳을 탈출하는 데 성공하고 쓰러진 그를 라라가 발견한다.

유리의 생사를 알 수 없었던 그의 가족은 이미 러시아를 떠났다. 이제 단 둘뿐인 유리와 라라, 둘은 서로의 사랑을 확인하지만 유리는 라라를 위하여 그녀를 곁에서 떠나보낸다.

8월 20일 여덟째 날: 기차 속에서

누웠다, 앉았다, 책을 읽다, 글을 쓰다, 시간과 싸우는 여행이다. 아마도 이 쓴맛이 있어 여행을 좋아하는 사람들은 시베리아 횡단열차 여행을 버킷리스트라 하는가 보다.

점심에는 식당에서 양배추와 감자로 만든 스프 300루블, 돼지 목등심 구운 것 369루블. 아침 저녁은 한국의 이마트에서 사 온 전투식량이라는 것에 뜨거운 물을 부어 먹었다. 반찬은 오직 여행용 고추장과 일회용 미역국, 일회용 된장국. 햇반은 입이 까다로운 아내의 몫이다.

오늘은 노보시비리스크에서 54분(00:11~01:05), 예까쩨린부르그에서 43분(22:31~23:14)을 정차하여 역사 밖에도 잠시 나가 시가지 야경을 볼 수 있었다. 하루 내 기차 속에서 자다 깨다 하다 보니 어두운 밤이라 해서 잠이 깊이 들지 않아 밤나들이도 좋았다.

나는 『보리스 고두노프』를 읽고 군중의 이중성에 대해 생각했다. 우리나라 상황과 연결시켜 소설을 구상 중이다.

이 장편 희곡의 배경은 1598년부터 1605년까지 러시아와 폴란드다. 차르의 아들인 황태자 드미트리가 피살당한다. 백성 대부분은 보리스 고두노프가 황제 자리를 욕심내 황태자 드미트리를 살해했다는 것을 알고 있지만, 아무도 내색하지 못한다. 크렘린 궁전에서 보리스의 장엄한 대관식이 거행된다. 한편 젊은 수도사 그리고리는 죽은 드리트리 황태자가 자기 또래인 점을 생각해 음모를 꾸미기 시작한다.

보리스의 자문관이, 폴란드에 있는 어떤 젊은이가 드미트리 황태자라고 주장하면서 군대를 모아 크렘린 궁을 공격할 준비를 하고 있다고 보고한다. 보리스는 드미트리 황태자를 살해한 기억을 떠올리며 괴로워한다.

죽은 황태자와 약혼한 사이인 폴란드의 공주 마리아나는 드미트리(실은 그리고리)를 보고 황태자가 죽지 않고 살아 있다고 믿는다. 그녀는 드미트리에게 자신을 사랑한다면 어서 러시아로 진격해 황제 자리를 되찾으라고 설득한다. 그렇게 되면 자기가 황후가 될 수 있기 때문이다.

　드미트리와 그의 군대가 모스크바 부근까지 진격해온다. 크렘린 궁전에서는 러시아의 원로들이 모여 대책을 협의하고 있다. 회의 석상으로 뛰어든 보리스 황제가 드미트리의 환영이 쫓아오고 있다고 소리치며 공포에 질려 있다. 군중들이 크렘린 궁전으로 몰려들자 보리스는 군중에게 자비를 베풀어달라고 간청하고 숨을 거둔다. 군중은 그저 '그가 죽었다'고 환호할 뿐이다.

　『보리스 고두노프』에서 알 수 있는 것은, 군중은 '역사의 주체세력'이라는 힘을 가진 집단이다. 군중 개개인, 그리고 앞에서 선동하는 사람 개개인은 거짓이 있고 간교한 마음이 있을지 모르나, 일단 많은 사람이 뭉치면 내세우는 캐치프레이즈에 몰입하여 순수해지고 힘이 있다. 그러나 군중은 어리석고 변덕스러워 언제 바뀔지 모른다. 군중은 보리스가 황제를 죽였다는 것도 알았지만 새 황제로 추대했고, 드미트리가 가짜라는 것을 알면서도 황제로 추대했다. 히틀러를 추종하던 것도 군중이었다. 우리나라에서 적지 않은 군중들의 시위가 있었고 그로 인해 정권이 바뀌기도 했다. 그 사이에 불순한 몇몇은 약삭빠르게 자기 잇속을 챙기기도 했다. 순수한 마음으로 참여한 사람들이 손해를 보는 사례가 적지 않았다.

8월 21일 아홉째 날: 기차 속에서

　오늘은 시베리아 횡단열차 여행의 마지막 날이다. 별로 오래 정차하는 역도 없어 종일 책 읽기에 시간을 보냈다. 블라디보스토크에서 이르쿠츠크까지 73.45시간, 이르쿠츠크에서 모스크바까지 88.11시간, 총 161.56시간을 기차 속에서 있는 셈이다. 모스크바에서 상트페테르부르크까지 쌉쌀열차(우리나라 KTX에 해당하는 특급열차)로 4시간을 합하면 166시간 총 7일간의 온전한 기차여행이다.

내가 사우디아라비에서 파견 근무할 때, 로마에서 비엔나까지 완행열차를 타고 하루하고 한나절을 여행한 기록이 있다. 그때는 경유 역에 도착할 때마다 수녀, 학생, 주부, 직장인 각종 사람들이 오르고 내리면서 내 옆자리에 앉아 이야기를 주고받았지만 이번에는 아내와 단 둘이서 한 칸을 차지하고 여행을 하게 되어 책을 많이 읽게 되었다.

8월 22일 열 번째 날: 모스크바

04:11에 모스크바 야로슬라블역에 도착하였다. 홀리데이인호텔에 체크인하여 샤워와 식사를 마치고 10시에 모스크바 시내 구경에 나섰다. 굼 백화점 – 크렘린 – 붉은 광장 – 성바실리성당 – 모스크바 교외 꿀축제가 열리는 마을 – 아르바트거리 – 노보데비치수도원 – 참새언덕 – 홀리데이인호텔.

러시아는 9개의 시간대를 가진 광활한 대지와 험난한 역사를 가지고 있다. 모스크바강 유역에 자리 잡은 모스크바시는 13세기부터 러시아의 문화, 정치의 역사의 무대가 된 곳이다. 현대적인 건물의 신도시와 오랜 전통의 구시가지로 나누어지며 아름다운 성당과 건물들이 많다. 1327년에는 블라디미르 – 수즈달 공국의 수도가 되었으며, 이후 모스크바 대공국으로 발전하여 18세기 초까지 제정 러시아의 수도였다. 표트르 대제에 의해 한때 상트페테르부르크로 수도가 옮겨지기도 했으나, 1918년 이후 모스크바가 러시아의 수도이며 현재 크렘린에는 푸틴 대통령의 집무실이 있다.

오전에는 '굼 백화점'과 '크렘린'을 방문하였다. 레닌 묘 맞은편에 있는 '굼 백화점'은 1893년에 지어진 국영백화점으로 붉은 광장 옆에 있다. '붉은 광장'은 수많은 역사의 산 현장으로, 구 소련 시절 혁명기념 퍼레이드를 자주 하던 모스크바의 심장이라 할 수 있다. 붉은 광장에 들어서면 '성 바실리 성당'이 보이고 크렘린 성벽이 보인다. 이번 여행에는 단 하루만 모스크바에 머물기 때문에 외관만 주마간산

성 바실리 성당

격으로 볼 수밖에 없었다. 나로서는 2015년에 문예창작학회 참석차 찾았을 때, 내부까지 자세히 보았기에 서운함이 적었다.

'크렘린 궁전'은 수즈달 공국 시절 1156년 나무로 만든 요새로 시작되었다. 1237년 침입한 몽골에 의해 파괴되었으나 1271년 모스크바 대공국 시절에 재건되었다. '붉은 광장'의 남동쪽 끝에 위치한 '성 바실리 성당'은 1561년 완공이 되었는데 이반 4세가 몽골족을 몰아낸 것을 기념하기 위해 세웠으며, 세계에서 가장 아름다운 건축물이라 한다. 49m 높이의 중앙탑과 양파 모양의 8개 탑들로 구성되어 있다.

오후에는 제법 많은 시간을 할애하여 스케줄에도 없는 꿀 축제장을 방문하였다. 동행한 여행사 회장님이 러시아에 사는 친구가

추천하였다고 극찬하였지만 일행들은 시큰둥했다. 다양한 꽃에서 채취한 꿀을, 임시 전시장 안에 있는 자그마한 여러 개의 점포들이 경쟁적으로 팔고 있었다. 우리 일행 몇몇만이 꿀을 샀을 뿐이다. 모스크바의 역사와 예술 현장을 방문하기도 부족한 시간을 낭비한 것이다.

빅토르 최 추모벽

꿀 축제장에서 돌아와 '아르바트 거리'를 걸었다. 보행자 전용도로이자 문화 예술의 거리에는 푸슈킨 탄생 200주년을 기념하여 세워진 푸슈킨 부부 동상을 비롯하여, 한국계 가수 빅토르 최를 추모하는 사진과 추모 문구가 가득한 벽화를 볼 수 있었다.

아르바트는 모스크바 문화와 예술의 거리로 1490년대 초부터 형성되었으며 러시아의 예술인들이 모여 살던 곳이다. 러시아가 사랑한 락(Rock) 영웅인 빅토르 최(1962~1990)의 추모벽 앞에는 생화 꽃다발이 많이 놓여 있다. 그는 1990년 교통사고로 사망을 하였으나 아직도 많은 러시아 젊은이들이 우상처럼 받들고 있다.

러시아 국민 작가 푸슈킨(1799~1837)은 1831년 결혼을 하고 잠시 이곳에서 살았으며 이를 기념하는 패가 건물 외벽에 박혀 있다. 또한 푸슈킨 부부 동상도 크게 세워져 많은 관광객들이 사진찍기에 열심이다. 그의 삶은 순탄하지 않고 그의 아내 나타리아를 짝사랑하는 프랑스 귀족 단테스와의 결투에서 부상을 입은 후 38세에 요절한다.

노보데비치 수도원 옆 호숫가에서

'도보데비치 수도원'은 크렘린 남서쪽 모스크바 강변에 위치하고 있으며 12개의 탑이 있는 하얀색 석벽으로 둘러싸여 있다. 가까이에 역사적인 인물(체홉, 고골, 흐루시초프, 쇼스타코비치, 옐친 등)이 잠들어 있는 공동묘지가 있다. 해 질 무렵 수도원 옆 호수 건너편에서 바라보는 수도원의 모습이 무척 아름답다. 차이콥스키가 이 호수에서 「백조의 호수」에 대한 영감을 얻었다고 한다. 호수에는 검은 오리, 흰 오리들이 여유롭게 헤엄치고 있다.

차이콥스키의 「백조의 호수」는 「호두까기 인형」, 「잠자는 숲 속의 미녀」와 함께 차이콥스키의 3대 발레음악이다. 줄거리는, 왕자가 사냥을 간 숲속의 호숫가에서 백조가 인간으로 변하는 장면을 목격한다. 마법에 걸려 낮 시간에 백조로 살아가야만 하는 오데트 공주에게 반한 왕자는 변치 않는 사랑을 받으면 저주에서 풀려날 것이라는 말을 듣고, 오데트 공주에게 사랑을 맹세하고 다음날 있을 무도회에서 그녀와의 결혼 발표를 약속한다. 궁전 무도회장에서 오데트를 기다리는 왕자는, 악마 로트바르트가 데리고 온 딸 오딜을 오데트로 착각하여 오딜과 결혼을 발표하고 영원한 사랑을 약속하자 악마는 본색을 드러내고 오딜과 함께 사라진다. 자신의 잘못을 알게 된 왕자는 영원히 백조로 살아야만 하는 오데트에게 가서 용서를 구하는데 이때 이 둘을 갈라놓기 위해 악마가 다시 나타난다.

「백조의 호수」의 결말은 연출자에 따라 다르다. 악마와 싸우다 두 사람이 함께 죽거나, 왕자는 죽고 오데트는 백조로 남거나, 사랑의 힘으로 악마를 물리치는 것으로 결말을 맺는다.

2015년 모스크바국립대학에서 열린 세계문예창작학회 때 문화유산이 많은 항구도시 블라디미르와 수즈달은 물론, 톨스토이의 출생지며, 1862년 결혼한 뒤 귀향하여 48년 동안 살았던 '야스나야폴랴나'를 방문한 적이 있었다.

러시아의 소설가 톨스토이(1828~1910)의 사유지였던 이곳은 지금 톨스토이 기념 종합박물관이 되었으며, 모스크바에서 남쪽으로 160㎞ 떨어진 지점에 있다. 1763년 증조부 볼콘스키가 사들인 이곳에서 톨스토이는 1828년 태어났으며 1910년에 죽어 스타리자카스('옛 숲'의 뜻) 언덕 위에 묻혔다. 톨스토이 기념 종합박물관은 널따란 공원 안에, 신고전주의 양식의 볼콘스키 대저택(2만여 권의 장

톨스토이 대저택에 세워진 표지판. 맨 아래 한글로 쓰인 안내문이 이채롭다.

서가 보존되어 있다), 하인들의 집, 마차 차고 등으로 이루어져 있다.

야스나야폴랴나는 그의 장편소설 『전쟁과 평화』(1864~1869)에도 등장한다. 톨스토이가 그리스도교 무정부주의자가 된 이후 이곳은 추종자들의 순례지가 되었다. 1850년대 후반에 톨스토이가 농민을 위해 이곳에 세웠던 학교는 문학박물관이 되었다.

8월 23일 열한 번째 날: 모스크바에서 상트페테르부르크로

쌉싼 열차를 타고 모스크바 출발(09:40) – 상트페테르부르크 도착(13:30) – 겨울궁전(에르미타쥐 미술관) – 상트 도미나 호텔 투숙.

러시아 북부 황량한 습지대에 수만 개의 말뚝을 박아 건설한

인공도시 상트페테르부르크는 레닌그라드 주에 있으며, 표트르 대제 때(1712년) 러시아 제국의 수도였다. 18세기 표트르 대제가 만든 이곳은 101개의 섬과 500개의 다리로 연결된 물의 도시로, 운하 변을 따라 바로크와 고전주의 건물이 즐비하다. 상트페테르부르크의 중심도로인 '넵스킨 대로'는 해군성에서 알렉산드르 넵스키 수도원까지 4.5km로 뻗어 있는데 최고의 호텔, 많은 레스토랑과 카페, 상점들, 음악당 등이 위치하고 있다. 1710년에 처음으로 길이 뚫리게 되면서 습한 늪지대였던 이 곳은 페테르부르크를 대표하는 문화, 상업의 중심지이자 가장 아름다운 거리 중 하나로 손꼽히게 되었다.

렘브란트의 「돌아온 탕자」 앞에서

네바강변에 위치한 광장에는 상트페테르부르크를 세운 러시아 황제 표트르 1세(1672~1725)의 '청동기마동상'이 뱀을 밟고 강을 바라보고 있다.

'에르미타슈 박물관'은 1711년 건립된 건물 자체가 호화로운 미술품이라 할 수 있으며, 겨울궁전으로서 역대 황제의 거주 궁전으로 쓰였던 곳이다. 이 건물을 지은 예카테리나 2세는 독일인으로 남편을 퇴위시키고 러시아의 황제가 되었다. 지금은 파리 루브르 박물관, 영국 대영박물관과 함께 세계 3대 박물관으로 손꼽힌다. 소장품은 루브르나 대영박물관과 달리 모두 돈을 주고 산 것이라는 자부심을 가지고 있다. 미술관 1층은 주로 러시아를 비롯하여 고대 그리스, 로마, 이집트 문화 유물들이 전시되어 있고, 2층은 렘브란트의 「돌아온 탕자」, 레오나르도 다빈치의 「리타의 성모」 등이 유명하며, 3층은 마티즈의 「춤」, 고갱의 「과일을 든 여인」과 피카소의 작품 등이 전시되어 있다. 관광객의 발길이 가장 많이 머무는 그림은 렘브란트의 「돌아온 탕자」라고 한다.

8월 24일 열두 번째 날: 상트페테르부르크

여름궁전(분수공원) – 페트로파블롭스크 요새 – 네바강 수로 유람 – 성 이삭성당 – 공항 출발(23:00).

표트르 대제가 1714년부터 9년에 걸쳐 완공한 '여름궁전'은 러시아 황제의 권위와 위엄을 과시하기 위해 프랑스 베르사유궁전에 버금가는 궁전으로 만들려 했다. 러시아와 유럽 건축가들이 총동원되어 만든 20여 개의 궁전 건물과 화려한 분수, 7개의 아름다운 정원이 있다. 특히 64개의 분수와 255개의 조각으로 조성된 폭포가 장관이다. 가장 인기가 있는 건물 앞 분수는, 삼손 분수 등 그리스 신을 형상화한 금색의 조각상들이 바로크 예술의 아름다움을 과시하고 있다.

네바강을 사이에 두고 겨울궁전인 에르미타쥐 박물관과 마주보고 있는 토끼섬 '페트로파블롭스크 요새'는 상트 페테르부르크 건설의 초석이 된 곳이다. 표트르 대제는 1703년 스웨덴에게 정복당했던 상트페테르부르크를 새로운 수도로 삼고자 했다. 그 당시 러시아는 스웨덴과 전쟁(1700~1721)을 치르던 중이었으므로, 이 도

여름궁전에 있는 중앙정원과 분수대

시에 세워진 최초의 건축물은, 도시의 섬 중 하나에 세워진 '페트로파블롭스크 요새'였다. 표트르 대제는 1703년 네바강 삼각주에 위치한 이 섬에 스웨덴의 공격을 방어하기 위한 요새를 짓기 시작하는데 처음에는 흙으로 지었고 1706년부터 다시 돌로 성벽을 쌓기 시작했으나 표트르 대제는 성벽이 완성되기 전에 죽었다. 예카테리나 2세에 의해 화강암 요새 형태로 완성되었다.

내부에는 '페트로파블롭스크 성당'과 표트르 대제의 동상, 박물관, 정치범 형무소 등이 있다. 이곳에는 매일 정오에 대포를 발사하는 행사가 있다. 요새의 남서쪽에 위치한 '트루베츠코이 성채'는 완성된 후 얼마 지나지 않아 정치범 형무소로 사용되기 시작했다. 1918년 형무소는 폐쇄되었고 1924년부터 예전 형무소의 모습을 재현해 놓은 박물관으로 사용되고 있다. 이곳에는 반란을 꾀했다는 죄목으로 수감되었다 숨진 표트르 대제의 황태자 알렉세이를 비롯해 도스토옙스키, 막심 고리키 등 저명인사들이 수감되었던 곳이다.

'페트로파블롭스크 요새'에서 동쪽으로 200여 미터 떨어진 네바 강변에 자그마한 집이 한 채 있는데 이곳이 바로 이 도시의 첫 번째 건물인 '표트르 오두막집'이다. 표트르 대제가 요새를 짓기 시작하던 1703년부터 1208년까지 실제 거주하면서 요새 건설을 지휘 감독하던 곳으로 3일 만에 완성한 목조 주택이었다. 18세기 후반에 이르러 벽돌 건물로 재건축되었으며 1930년에 박물관으로 개관하였다. 내부에는 대제의 침실과 서재 등 모습이 그대로 재현되어 전시되고 있으며, 18세기 초 대제가 직접 만들었다는 실제 배의 모습도 전시되어 있다.

요새를 나와 한 시간가량의 '네바강 투어'를 가졌는데 네바강에서 청동기마상, 이삭성당, 여름정원, 에르미타슈 박물관, 스몰니 사원 등 주요 명소들을 둘러볼 수 있었다.

우리 숙소인 상트 도미나 호텔 가까이에 있는 '성 이삭 성당'(1818~1858)은 40여 년에 걸쳐 지은 것으로, 100kg의 황금을 돔에 입힌 러시아 최대의 정교회로 유명하다. 구약성경에 나오는 이삭이 아니라, 러시아의 성인 이삭을 기념한 것으로 표트르 대제의 탄생일인 5월 30일은 성인 이삭의 축일이기도 하다.

마지막 밤을 그냥 보낼 수 없어 네바강을 따라 롯데호텔까지 산책을 나갔다. 마침 늦게까지 문을 여는 작은 백화점(Au Pont Ronge)에서 마뜨로쉬까 인형을 샀다. 다산을 상징한다는 가이드 말을 들은 적이 있어 크고 좋은 것을 샀다.

아들 내외가 손녀를 하나 낳고 더 이상 낳지 않겠다고 주장하

마뜨로쉬까 인형

고 있기 때문에, 아들 내외에게 줄 선물로 산 것이다. 아내는 기회만 되면 네 살짜리 손녀에게 동생이 있으면 재미있게 놀 수 있을 것이라고 엄마 아빠 보고 '동생을 낳아 달라' 말하라고 부추겼다. 처음에는 손녀가 좋아하더니, 며칠이 지나서는 동생이 있으면 자기 장난감을 나눠주어야 한다고, 동생이 필요 없다는 것을 보니, 아마도 엄마에게 설득을 당한 모양이었다. 앞으로 국민의 의무로 출산의 의무를 헌법에 명시해야 저출산 문제를 해결할 수 있으려나…

화진포에 핀 해당화

　흔하디흔하던 해당화가 내 가슴 속으로 파고든 것은 2007년 늦여름 화진포 콘도 앞 바닷가에서였다. 음력 15일, 어둠이 정식으로 찾아오기 전에 보름달이 창백한 모습으로 바다 위로 떠오르고 있었다. 제대로 달빛을 동해안 바다 위에 뿌리는 황홀한 월출은 17일이 되어서야 볼 수 있다.
　바닷가 낮은 풀숲, 몇 그루 되지 않는 해당화 앞에 이젤을 펼쳐 놓고 그림을 그리는 40대쯤의 여인을 발견했다. 해당화 한 송이가, 화폭의 3분의 2나 차지하는 보름달처럼 크게 하늘에 떠 있다. 화폭의 나머지 3분의 1 아래쪽, 흰색 데이지 꽃밭 속에는 아주 작은 두 남녀가 손을 잡고 걸어가는 그림이다. 인기척을 느꼈는지 뒤를 돌아보는 그녀의 얼굴에 수심이 촉촉한 미소가 옅게 깔려 있었다. 조금씩 어두워지면서, 보름달이 바다 위에 은빛 가루를 뿌리며 바닷가에 있는 우리들 앞까지 다리를 놓기 시작하자, 화가는 주섬주섬 화구를 챙겼다.
　우리는 콘도 앞에 있는 평상에 앉아 함께 커피를 마시며 달빛이 바다 위에 쓰는 이야기를 읽었다. 그 화가는 해당화 전설과 데이지 꽃 전설을 자기 화폭에 담았다고 한다.

해당화에 얽힌 전설. 사랑하는 남녀가 손을 맞잡고 바닷가를 걷고 있다가 갑자기 밀어닥치는 해일에 떠밀렸다. 남자가 여자를 바닷가 바위 위로 밀어내 주고는, 자기는 휩쓸려나가 실종되었다. 이튿날 해가 뜨고 나서 그 남자는 시체로 해변에서 발견되었고, 여자는 죽은 남자를 부여안고 울부짖었다. 그때 흘린 눈물방울이 붉은 해당화로 피어났다고 한다.

데이지 꽃에 관한 전설. 숲의 요정이 축제에서 신나게 춤을 추고 있었다. 과수원의 신이 한눈에 반했다. 둘은 사랑에 빠졌으나, 남편이 있는 숲의 요정은 괴로워하다 제우스에게 간청하여 꽃이 되었다고 한다. 그 꽃이 데이지 꽃이란다.

떠오르는 보름달을 보며 두 꽃의 전설을 조용조용 이야기하는 그녀의 모습이 처연했다. 자기도 비슷한 괴로움을 정리하고 싶어 왔다고 한다. 이야기를 마치고 나를 바라보며 살짝 웃는 모습이 달빛에 막 피어나는 흰색 해당화 같다고나 할까. 조금 전 그림을 그리던 빨간 해당화 사이에 피어 있던 두어 송이 흰색 해당화가 생각이 났다. 다음 날 아침 화진포 해변 김일성 별장 부근에서 물에 빠져 죽은 그녀가 발견되었다. 시 한 편으로 조사를 대신했다.

해당화가 보름달로 떠 있네
가득함은 비움의 시작

화폭에 사랑을 깊게깊게 새겨 넣으며
새로운 보름
새로운 세상을 품는다

가슴속 깊이에서 길어 올린
알 수 없는 빛
꿈꾸는 색깔 위에
은빛 가루 모아 다리를 놓고

저 먼 바다 건너
누구에게도
무엇에게도
매이지 않는 세상으로
발걸음을 조심스레 떼고 있다

— 김철교, 「화진포의 수채화」 전문.

백사장에 그린 하트

날씨 좋은 음력 17일이면 나는 동해안에 있는 어느 해수욕장에 가 있다. 주문진 바닷가에 있는 '시인과 바다'라는 카페에도 자주 들른다. 강릉 해변가 '커피 스토리'에서 바라보는 바다도 좋다. 몸이 못 가면 마음만이라도, 먼 바다의 어화(漁火)를 세고 있다. 음력 17일은 동해안 월출이 가장 아름다운 날이다. 음력 15일에 가면, 해가 완전히 지기 전에 바다 위로 달이 이미 올라와 있어 그저 그런 보름달에 불과하지만, 17일에 가면 어두운 밤 동쪽에서 떠오르는 둥근달은, 먼 수평선에서부터 내 앞까지 은빛 다리를 놓아준다.

나는 해가 완전히 지기 전에 바닷가에 도착해서, 달이 떠오를 때까지, 파도 가까이 해변 모래 위에 발자국으로 큰 하트를 찍는다. 어두운 밤 보름달이 만드는 은빛 다리는, 바다 건너 내가 꿈꾸는 나라와, 백사장 위의 하트를 연결시켜 준다. 세상 근심걱정은 수면 위에 일렁이는 다리를 통해 수평선 너머로 보내고, 그 대신 동화를 답장으로 받는다. 천국 콘서트가 바닷가에서 열린다. 파도가 전해주는 음악, 달빛이 그려주는 다리, 바닷가에서 하트를

그리고 있는 시인의 마음. 시와 음악과 미술이 어우러져 동화의 나라가 열린다.

월출을 본 다음 날 새벽에 보는 일출 또한 장관이다. 그뿐만 아니라 떠오르는 해를 바라보다 고개를 뒤로 돌리면, 전날 밤 바다 위로 떠오르던 달이 밤새 세상을 비추다가 피곤한 듯 창백한 모습으로 새벽 산 위에 걸려 있는 모습을 볼 수 있다. 저녁 달맞이, 다음날 새벽 해맞이와 달과의 이별, 동화나라 3종 세트는 욕심에 절어있던 심신을 씻어주어 새로운 삶의 활력소가 되게 한다.

예술가가 아니라도 대부분의 사람들은 자연에 순응해서 살아갈 때 참다운 즐거움을 느낀다. 도연명은 歸去來兮 田園將蕪胡不歸(돌아가야겠네, 전원이 황폐해지는데 내 어찌 돌아가지 않으리오)라고 읊었다. 나는 조부님이 반초서로 써 주신 '歸去來辭(귀거래사)'를 서재에 걸어 놓고 자주 읊조리고 있다. 내가 떠난 자연, 내가 외면하는 자연은 장무(將蕪)하다. 그곳이 농촌이든 바닷가든 나의 마음이 머물지 않은 자연은 황무지나 다름없다. 내가 자연 가까이 있을 때에 비로소 향기로운 꽃과 풍성한 열매가 주는 기쁨을 맛볼 수 있기 때문이다.

광대한 우주를 한 치의 오차 없이 운행하시는 창조주의 손길을 길가의 풀꽃에서도 읽을 수 있다. 검붉은 흙 속에서 아무 보살핌 없어도 아름답게 피어나는 꽃에 우주의 운행 원리가 응축되어 있다. 우리가 겸손하게 자연에 순응하며 인생행로를 뚜벅뚜벅 갈 수만 있다면 그 이상 바람은 없으리라. 남과 비교하며 세상 욕심에 안달한들 삶의 종착지에서는 무슨 의미가 있을까 싶다.

우리는 태어나자마자 죽음으로 가는 여행을 시작한다. 비바람에 휘둘리기도 하면서 나름대로 크고 작은 꽃도 피우고 열매도 맺으며, 자연으로 돌아가고 있는 여행자인 것이다. 아무리 도시생활을 벗어날 수 없다 하더라도 전원으로 돌아가고 싶고 산과 바다를 그리워하는 것이 인지상정이다. 물질적, 정신적 여유가 있는 도시일수록 가까이에 자연을 두고자 시간과 돈을 쏟아붓는다. 런던의 유서 깊은 정원들은 물론이려니와, 하와이 와이키키 해변 백사장도 많은 돈을 들여 외지에서 모래를 실어다가 깔았다.

자연에 순응하는 것이 가장 바람직한데도, 바닷가 모래 채취 혹은 구조물 설치로 해변이 황폐해지고 있다 하니, 이 아름다운 동해안도 어떻게 변할지 걱정이다. 지구촌 곳곳에서 단기적인 편리성과 수익성을 중시하는 개발에 열심을 내다가 자연재해로 인해 몸살을 앓고 있다. 요즘의 미세먼지와 황사도 자연의 순리를 거스르는 성급한 개발 때문에 발생한 징벌이다. 현대사회가 크고 작은 재난과 범죄로 갈수록 흉흉해지는 것도 자연이 점차 우리 곁에서 멀어지고 황폐해지고 있기 때문이다. 자연은 '개발'보다는 '자연스럽게' 두고 가꿔나가야 한다.

선유도에서 쓰는 편지

오늘은 유난히 하늘에도 바다에도 온통 푸른 비단이 펼쳐 있군요. 그 위에 제 마음 한 자락 열어 보렵니다. 어느 분이든 받아보시고 꿈길로라도 찾아와 주시옵소서. 제게 주어진 이승의 시간이 얼마나 될지는 모르지만, 가슴의 사립을 활짝 열고 찾아 주는 손님들과 찻잔을 기울이며 환담하고 싶은 바람입니다.

사후에 간다는 천국이나 극락이 어떤 곳일까, 거기에 사는 사람들은 무엇을 하며 살까 궁금하군요. 아마도 지금 여기 바닷가에서 만나는 사람들이 교환하는 미소같은 눈인사가 있는 곳이 아닐까 싶어요.

내가 그리는 천국은 바닷가에 있는 작은 마을 같거나, 맑은 시냇물이 흐르는 물가에 아담한 나무들이 부담스럽지 않게 심겨 있는 산촌입니다. 가까이에 작은 정원이 딸린 정갈한 초가집이 있어, 방이 두어 칸 있는데, 한 칸은 책이 부담 없이 가득하고, 한 칸은 소담한 찻잔들이 갖추어져 있는 손님맞이 방이면 좋겠습니다.

읽고 싶을 때 아무 책이나 뽑아 들고, 작은 꽃밭이 있는 앞 뜨

　락에 놓인 탁자에서, 주변에 한눈을 팔기도 하며, 손에 든 책에 눈길을 주는 것도 좋을 듯싶어요.
　부담 없는 만남의 대화도 좋겠지요. 서로 무언가 바라지도 않고, 보고 싶지만, 막상 헤어지고 나면 마음에 아무 찌꺼기도 남아 있지 않은 만남, 만나지 못해 안달하는 것도 아니고 헤어지고도 그림자가 남지 않는 그런 만남 말입니다.

　나의 천국은 바닷가 마을인 게 더 좋겠습니다. 오늘같이 맑고 잔잔한, 아니 가끔은 폭풍우도 왔다 가야 지루하지 않겠다 싶기도 하네요. 하루하루가 너무 조용해도 지루할 것 같습니다. 때때로 부산하게 무슨 일인지는 모르겠지만 뛰어다니다가, 가끔은 한적하게 사색에 잠기는 것도 좋겠습니다. 꽃밭을 가꾼다든지 채전 밭을 기웃거리는 것도 일과 중에 넣어야겠지요. 무위도식하는 잉여인간

만큼 삶이 피곤한 건 없을 것도 같아요. 작은 배를 띄워 고기잡이도 하고, 바닷가에서 조개도 캐고 그러다가 허리를 펴고 멀리 수평선을 하염없이 바라보는 것도 좋겠네요.

지금 여기서 제가 쓰는 글은, 특정 수신자가 없습니다. 꼭 언어로 쓰는 것보다 그림으로 쓰는 편지도 괜찮겠습니다. 어쩌면 글보다는 그림으로 쓰는 편지가 더 좋겠어요. 이심전심이라는 말도 있지 않습니까. 의미가 비교적 제한되는 글보다는, 그림이, 수신자가 받아들이고 해석할 수 있는 마음의 공간을 더 넓혀주니까요. 편지를 종이비행기로 만들어 바다 위로 날리면, 가고 싶은 곳에 도달하여 아무나 만나는 사람에게 말을 걸 수 있기를 바랍니다.

저기 누군가 바닷가에서 무엇을 줍고 있습니다. 조개껍질인지 해초인지는 분명하지 않지만 서두르는 기색이 없는 것을 보니 작은 파도와 무슨 이야기를 나누는 것도 같습니다. 조개껍질이나 해초에 적힌 용궁 소식을 읽고 있는 것은 아닐까요?
바닷속 깊이에는 용궁과 작은 마을들이 옹기종기 있겠지요. 아마 거기에도 요즘은 지상에서 밀려온 쓰레기들로 예전 같지 않을 것 같기도 하네요. 폐그물에 인어들이 다치지나 않을지 걱정입니다. 그러나 푸른 물결과 하얀 포말을 보니 아직은 이기지 못할 만큼 쓰레기가 많지는 않을 것 같습니다. 지금 이 세상에는 어디나 쓰레기로 몸살을 앓고 있어요. 각종 바이러스, 각종 범죄, 각종 억지들, 이러한 이승 쓰레기들이 용궁이나 천국에는 없겠지요.
우리에게 주어지는 행복이란, 지금 여기서, 점차 잊혀가는 마음속 파라다이스를 흉내 내려 하는 것이 아닐까 싶네요.

솔롱고스, 예술가 마을에서

어느 날 꿈을 꾸었다. 바닷가에 있는 솔롱고스라는 예술인 마을에 들렀다. 솔롱고스는 무지개 마을, 꿈의 마을, 희망의 마을의 뜻을 가진 몽골어다. 몽골 사람들은 우리나라를 솔롱고스라고 불렀다고 한다.

솔롱고스 마을 사람들은 처음 보는 사람들이지만 낯설게 느껴지지 않았다. 아마도 우리 민족의 발원지가 몽골인들이 둥지를 틀고 있는 바이칼 호수이기 때문일까? 바이칼 호수에는 우리나라 전설들이 가득 담겨 있다.

소박하고 아담한 정원에 몇 사람이 모여 환담을 하고 있는데, 참석자들이 돌아가면서 나름의 예술에 대한 시각을 이야기하고 있었다. 흰머리가 성성한 남자가, 붓을 들고 이젤에 그림을 그리면서 낮은 목소리로 자기의 예술관을 말했다.

"예술에는 감성적으로 감동을 주며, 이성적으로 이론을 가지고 있으며, 영성적으로 신비한 데가 있어야 합니다. 예술가는 묘사하려는 대상에 대해 이성적으로 가장 깊이 있는 탐구자여야 하며, 가장 풍성한 감성을 가진 창조자의 눈을 가져야 하고, 영성이 충만하여 대상의 본질과 교통할 수 있어야 합니다."

옆에서 읽던 책을 잠시 덮고 조용히 노인의 말을 듣고 있던, 후덕하게 보이는 중년 부인이 고개를 끄덕이더니 자기 생각을 조곤조곤 펼쳐 보였다.

"예술가는 그리고자 하는 대상에서, 창조자인 신의 뜻을 예술가의 온몸과 온 영혼으로 읽어내어 재창조하는 것이지요. 대상 자체가 가지고 있는 본질을 볼 수 있어야 할 것 같습니다. 표현은 그다음 문제가 아닐까 싶어요.

시인도 시를 쓸 때 이미 있는 언어를 가지고 이를 재조직하여 새로운 의미와 새로운 이미지를 만들어 내야 하고요. 참으로 어려운 작업이지만, 바벨탑을 쌓는 것 같은 시인의 숙명이 아니겠는가 싶습니다. 물론 시인의 언어와 독자의 언어 사이에는 간격이 있어서, 그 언어들이 집단무의식 안에서 만나면 통하는 바가 있으나, 집단무의식 밖에 있으면 소통이 잘 되지 않기도 합니다. 그러한 암벽을 뚫어야 하는 것이 시인의 숙명이라고 생각하니 더욱 시인이라고 나서기가 두렵네요, 요즘은."

화려한 치장을 한 젊은 여인이 플루트를 만지작거리면 듣고 있더니 자기도 한마디 거들지 않으면 안 될 것 같았는지 끼어들었다.

"음악은 모든 예술의 시작이자 근본이 아닐까요? 무엇보다 시의 본령은 리듬과 은유겠지요. 저는 그림 속에서도 음악을 듣습니다. 리듬은 어쩌면 모든 인종과 모든 시대를 관통하는 인간의 혈관 같은 게 아닐까 싶네요. 문자가 있기 훨씬 전부터 음악은 있었습니다. 그림도 시도 리듬에 말을 거는 것이 아닌가요?"

　나는 곰곰이 생각해 보았다. 모두 어디선가 한 번쯤 들어 봤던 이야기 같지 않은가? 우리 세대는 글쟁이들이 어깨를 으스대기가 참으로 어렵다. 많은 뛰어난 예술가와 철학자 그리고 학자들이 한마디씩 다 하고 난 빈틈을 노려야 하니까 말이다. 그러나 어디선가 누군가 이야기했을 법한 이야기를 곱씹는 맛도 괜찮다. 어차피 신의 반열에 들지 못하는 우리 아닌가. 새로운 것을 창조한다는 것은 거의 불가능하다. 이 세상에 새로운 것은 하나도 없다고 말한 피카소의 말이 기억난다. 그저 어느 구석엔가 있었던 것을 찾아내어 녹슨 부분은 반짝반짝하게 닦고, 무엇이든 조금 덧붙여 새롭다고 내어놓는 것이 예술이고 학문이 아니겠는가 싶다.
　환담을 마치고 모두 아무 일도 없었다는 듯, 자기 일로 돌아가자 나는 꿈에서 깨어났다. 밖에는 청명(淸明)을 알리는 빗소리가, 잔잔한 바닷가의 새벽 미명을 흔들고 있었다.

아라비아의 꿈을 찾아

Ⅰ.

나는 아라비아 사막을 사랑한다. 에덴이 아라비아 사막 어디쯤 묻혀 있다가 그날이 오면 사막 가운데서 다시 솟아날 것 같다. 사막이라고 하면 황량할 것 같이 생각되지만 아라비아 사막에 살았던 사람은 얼마나 사막이 풍성한 아름다움으로 가득차 있는지 잘 알 것이다. 나는 3년여간 사우디아라비아에 있는 담맘시에서 근무한 적이 있다.

천지창조 이후 불어온 바람에 닳고 닳아 동글동글해진 작은 모래들이 바람에 이리저리 몰리며 만들어 내는 곡선은 어떤 곡선보다 아름답고 볼 때마다 오르가슴을 느끼게 한다. 모래와 하늘뿐인 끝 모를 사막을 달리다 보면 문득 다가오는 오아시스, 깊은 땅속에서 솟아오르는 태고적 푸름을 그대로 지닌 물줄기는 옛 에덴 이야기를 전해 주곤 한다. 저 먼 지평선을 하염없이 바라보면서 세상일에 초연한 낙타들. 그리고 가끔 만나는 유목민인 베두인족들의 낡은 텐트 안에서 끓고 있는 차단지에서는 할아버지의 할아버지의 할아버지 전설이 피어오른다.

아라비아만에 가볼라치면 쪽빛 하늘이 그대로 반사되어 심연의 처연함이 우리 심령 깊은 곳을 휘젓고, 형형색색의 물고기들이 저 바다 깊이에서 건져 올린 신화를 해변에 쌓고 있다. 새벽 아라비아 만에서는 달과 별과 갈매기들이 열심히 주고받는 옛 에덴의 이야기를 들을 수 있다.

인간은 태생적으로 에덴을 찾게 되어 있다. 종교인들은 극락 혹은 천국 등으로 이야기하고, 예술인은 좋은 작품을 만들면서, 과학자는 끝없는 새로운 발견을 위한 노력에서, 경영자와 노동자는 열심히 돈을 벌면서 나름대로 추구하고 있는 최상의 가치, 본인이 그것을 깨닫든 깨닫지 못하든, 그것은 곧 에덴이요 유토피아인 것이다.

내 시 쓰기도 또한 에덴을 찾기 위한 노력이라고 할 것이다. 아라비아 사막에서 3년간 살았던 내 젊은 시절은 이처럼 나의 시를 위한 깊고 푸른 샘이 되고 있다. 바울도 회심 후 아라비아 사막에서 3년간 몸과 마음과 영혼을 추스린 후에 다시금 다마스커스로 돌아와 새로운 사명을 시작하였다. 아무리 둘러보아도 모래와 하늘뿐인 아라비아 사막은 하나님과 내 자신을 대면하기에 참으로 좋은 장소라 할 것이다.

그믐날 새벽 별이 빛난다
유프라, 티그리의 영화를 찾고자
아라비아 만(灣)에 각의(閣議)가 열린다

달빛이 내려앉고

아라비아 사막에서 1979년

갈매기 은가루를 쪼고 있다
별이 바다 속에 잠겨
역사의 조각을 찾아 나선다
양떼는 숨을 죽이고
낙타들의 옛이야기에 귀를 기울인다

이윽고 새벽, 닭이 운다
정령들이 부산히 짐을 챙겨
오직 바람만이 뒹굴던 사막으로 가서
신화의 마을을 세우고
에덴에 있던
사랑나무를 옮겨심기 시작한다
　　　- 김철교, 「아라비아의 꿈 - 사우디아라비아 담맘에서」 전문.

II.

　아라비아 사막에서 먼 태초의 이야기와 앞으로 다가올 황홀한 미래를 볼 수 있다면, 현세 모든 고난의 이야기들은 이스라엘에서 찾아볼 수 있겠다. 끝날 줄 모르는 고통의 현장에서 지금을 살아가는 지혜를 얻을 수 있다.

　나는 세 번의 기독교 성지순례를 통해 구약과 신약의 현장을 샅샅이 살펴보았다.

　자기들이 선민이라 믿고 있는 이스라엘은 구약시대부터 항상 전쟁의 소용돌이 속에서 황무지를 헤매며 살아왔다. 지나친 선민의식, 정신병리학 용어로 자기애(自己愛)에 깊이 빠져, 남을 용납할 줄 모르는 성격을 버리지 못해 그 땅은 피흘림을 계속하고 있는 것은 아닐까? 자기애란 우주 만물이 자신을 위해 존재하는 것처럼 살아가는 정신병적 현상이다.

　성경에서는 무한한 용서를 주문하고 있는데 이스라엘 사람들은 이방인을 사랑으로 감싸 안을 줄 모른다. 어찌 그 땅에 유토피아가 열릴 수 있겠는가. 예수님은 '제발 나를 본받아 정신차리라'고 오신 것이다. 이스라엘 역사에 보면 하나님은 항상 백성들이 죄의 늪에서 허우적거릴 때, 더 이상 보아줄 수 없을 지경에 이르면 선지자를 보내 주셨다.

　이 세상에 존재할 수 있는 모든 죄악과 불행들이 모두 망라되어 있고, 이것을 어떻게 헤쳐 나가야 할 것인가 그 방법을 제시해 주고 있는 역사책, 그것이 성경이다. 훌륭한 믿음의 조상들조차 많은 죄를 범하고 행복과 불행이 교직(交織)된 삶을 살았다. 성경에서 배울 수 있는 삶의 지혜를 얼마나 자기 것으로 삼느냐에 따라 인생의 성공과 실패가 결정되는 것이다. 성경 속 많은 사람들

시내산 정상의 아침

의 삶은 나에게 좋은 시적(詩的) 재료를 제공해 준다.

Ⅲ.

옛 에덴을 그리워하며 또다시 언젠가는 펼쳐질 낙원을 꿈꾸는 아라비아 사막과 현세의 고난을 이겨낼 수 있는 지혜를 주는 이스라엘의 황량한 땅이 나의 시적 터전이요 정신이라고 할 수 있을 것이다. 이런 기반은 마치 보약에서의 인삼 녹용과 같은 것이다.

여기에 이 세상 삶의 편린들 즉 감초, 대추 등과 같은 부수적인 시적(詩的) 재료들을 첨가하여 물을 붓고 다리고 다려서 한편의 시를 만들어 낸다. 약을 덜 달여 물이 많으면 먹기도 거북하고 효과도 신통치 않을 것이다. 잘 다려진 엑기스가 되어야 한다. 특별한 경우를 제외하고는 시는 너무 길면 덜 달인 약이나 마찬가지가 아닐까 한다.

  잘 달여진 보약처럼, 많은 사람들이 즐겨 읽고 암송하여 외롭고 상처난 영혼들을 매만져 줄 수 있는 시를 쓰는 것이 항상 소원이다. 방금 맑은 물에 씻어 신선한 채소 같은 언어와 달빛처럼 은은한 나라로 초대하는 상징과 우리 영혼의 작은 방에도 넉넉한 알맞춤한 크기의 시들, 그리고 시들한 우리의 영혼을 반짝 깨우는 지혜가 양념으로 첨가되면 더욱 좋겠고.

  참으로 도달하기 어려운 경지겠지만 그 정상을 향해 끝없이 올라가고 미끄러지고, 시시포스의 운명이 바로 시인의 운명이 아닌가.

4

예술의 향기

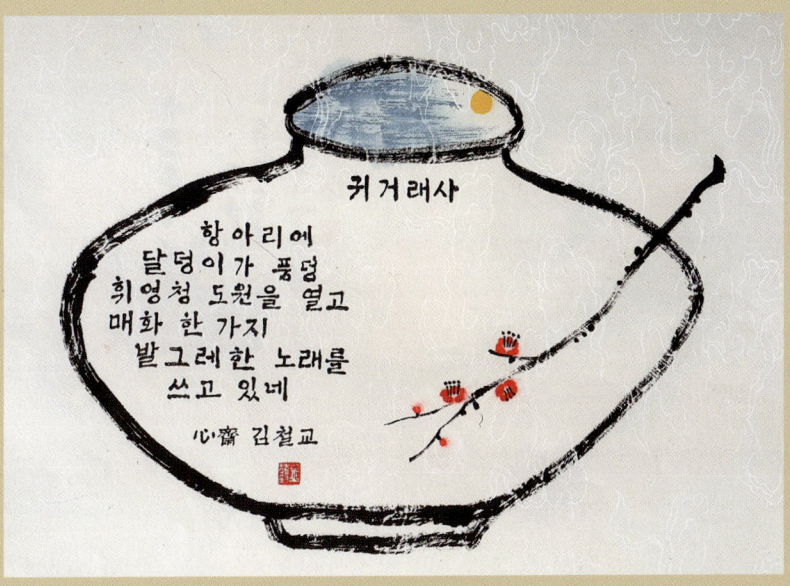

미술과 시에 어린 키스의 향기

　사랑은 만물의 근원이자 인간 삶의 원리다. 사랑은 그 모양이 천차만별이고 사람의 숫자만큼 다를 것이다. 사랑의 시작을 알리는 키스는 오감 즉, 보고, 듣고, 맛보고, 향기, 촉감 모두를 향기롭게 한다. 우리는 때로 이 같은 감각 기관으로 받아들인 정보 이외의 것을 직관적으로 느끼는데, 이를 육감(六感)이라고 한다. 키스는 육감으로 사랑을 확인시켜 준다.

　'키스'라는 주제로 만들어진 예술 작품이 적지 않다. 조각에서는 프랑스 출신 로댕(Auguste Rodin, 1840~1917)의 「키스」(Le Baiser, 1880~1898, 117x112.3x181.5cm, 로댕미술관)와 로댕의 조수로 일한 적이 있는 루마니아 출신 부랑쿠시(Constantin Brancusi, 1876~1957)의 「키스」(Le Baiser, 1923, 36.5x25.5x24cm, 퐁피두센터)가 다른 아름다움을 풍기고 있다.
　그림에서는 클림트(Gustav Klimt, 1862~1918)의 「키스」(Der Cub, 캔버스에 유화, 180 x 178cm, 1908년, 오스트리아 빈미술관)와 이를 모방한 에곤 실레(Egon Schiele, 1890~1918)의 「추기경과 수녀」(The Cardinal and

Nun, 1912, 캔버스에 유채, 80.5x70cm, 레오폴드 미술관)가 전혀 다른 분위기를 발산하고 있다.

시에서도, 한용운(1879~1944)의 「님의 침묵」에 나오는 '날카로운 첫 키스의 추억'은 운명을 바꿔놓고, 루이스 라베(Louise Labe, 1520~1566)의 「소네트 18」에서 '그대의 슬픔을 없애 드리는 행복한 키스'가 된다.

유부남이었던 로댕은 주로 로댕을 따르는 조각가 카미유 클로델(Camille Claudel, 1864~1943)과 화가 그웬 존(Gwen John, 1876~1939)같은 어린 예술가들과 사랑을 나눴다. 내가 유럽 미술관 순례 중에 로댕 미술관을 방문했을 때 처음 만난, 로댕의 「키스」는 사실적이고 에로틱하며, 차가운 대리석으로 뜨거운 열정을 표현하고 있었다. 이 작품은 로댕이 단테의 『신곡』에서 영향을 받아 만든 작품 「지옥의 문」을 위해 구상한 것이라고 한다. 단테의 『신곡』 중 지옥편에 등장하는 형수 프란체스카와 시동생 파올로는 불륜이 탄로나 죽게 되어, 지옥에서 서로를 끌어안은 채 떠도는 영혼이 되었다. 아마도 짜릿한 키스는 이처럼 불륜의 냄새가 나야 하는 것일까. 하기야 금지된 것일수록 더 하고 싶어지는 마음은 인간이 창조될 당시부터 주어진 것일 게다. 아담과 이브에게 창조주께서 선악과를 먹지 말라고 이르지 않았더라면 아마도 먹지 않았을지도 모르겠다.

브랑쿠시는 조각을 배우러 1903년 스물일곱에 파리로 와서, 로댕의 문하생이 되었다. 하지만 얼마되지 않아 로댕을 떠나 추상조각에 매달렸다. 브랑쿠시의 「키스」는 로댕의 로맨틱한 「키스」와는 전혀 다른 분위기다. 로댕이 사실적인 인체 표현에 주력했다면 브

로댕의 '키스'

브랑쿠시의 '키스'

브랑쿠시는 입체주의 화가 그림에서 영감을 받아 작품을 만들었다.

 클림트와 에곤 실레도 각별한 사이지만 작품 세계는 다르다. 에곤 실레는 미술학교를 포기하고 28세나 연상인 클림트를 찾아가 문하생이 되었다. 클림트는 실레의 그림을 사 주기도 했고, 후원자도 소개해 주었다. 클림트가 사망했을 때 그의 마지막 모습을 스케치하기도 했다. 클림트가 죽은 해에 요절한 실레는, 몽환적이고 에로틱한 남녀의 키스를 그린 클림트와 달리, 「추기경과 수녀」를 비롯한 많은 작품에서 성적 욕망과 내적 고뇌를 적나라하게 표현하고 있다.

 독신인 클림트는 귀족부인부터 창녀까지 귀천을 가리지 않고 쾌락에 탐닉했다고 전해진다. 클림트의 「키스」에서 눈을 감은 여인의 표정은 황홀경에 젖어 있다.

 금욕생활을 해야 하는 추기경과 수녀의 키스를 그린 실레의 그림에서 눈을 동그랗게 뜬 수녀는 '이래서는 안 되는데…' 하며 관람자를 바라보고 있다.

로댕의 「키스」는 단테의 지옥편에서 어울리는 '육체적 쾌락에 매몰되어 있는 키스'라면, 브랑쿠시의 「키스」는 '영혼의 교감이 있는 사랑의 키스'라고 읽을 수 있겠다. 클림트의 「키스」는 '농염한 키스'지만, 에곤 실레의 「추기경과 수녀」의 키스는 '남들이 볼까 봐 전전긍긍하고 있는 키스'로 읽힌다.

클림트의 '키스'

단테의 지옥편에 나오는 불륜의 키스라는 사실을 모르거나, 클림트의 애정행각에 관한 뉴스를 알 수 없다면, 이 작품들을 통해 키스의 매력을 더 느낄 수 있을 것이다. 어쩌면 불륜의 키스는 자주 할 수 없고, 언젠가는 종말이 올 수 있을지도 모르겠다는 불안감으로 한 번이라도 찐하게 키스하고 싶은 심정일지도 모르겠다.

에곤 실레의 '추기경과 수녀'

사랑은 모든 역사의 동력이다. 사랑은 모든 생명체의 존재 근거다. 그러기에 사랑은 피할 수 없는 우리 존재의 이유가 된다. 사랑이 빠진 이야기와 그림은 오랜 감동을 줄 수 없다. 사랑의 시작을 알리는 키스는 우리의 영혼과 육체 모두를 흔들어대는 사건이다.

날카로운 첫 키스의 추억(追憶)은 나의 운명(運命)의 지침(指針)을

돌려 놓고, 뒷걸음쳐서 사라졌습니다./ 나는 향기로운 님의 말소리에 귀먹고, 꽃다운 님의 얼굴에 눈멀었습니다. (…) 우리는 만날 때에 떠날 것을 염려하는 것과 같이, 떠날 때에 다시 만날 것을 믿습니다./ 아아, 님은 갔지마는 나는 님을 보내지 아니하였습니다.
- 한용운 「님의 침묵」 부분.

한용운이 말하는 '님'은 누구인가? 그것을 한용운에게 물어보거나 그의 삶의 기록을 들추어 누군지를 추측할 일이 아니다. 이 시를 읽은 사람의 님이기 때문이다. 모든 예술작품은 작가를 떠나 수용자의 해석 주권이 주어진다.

첫 키스는 사랑의 시작을 알리는 총성이다, 달리기할 때 출발을 알리는 총성처럼. 사랑의 대상이 아름다운 관계든, 남이 보기에는 부적절한 사랑이든, 절대자에 대한 거룩한 것이든 다 한 사람의 운명을 바꾸어 놓기에 충분하다.

더 많이 입 맞추어 주고, 한 번 더 그리고 또 한 번 더./ 그대의 가장 달콤한 입맞춤을,/ 그대의 가장 뜨거운 입맞춤을,/ 나도 나의 가장 뜨거운 것을 네 번 돌려 드려요.
아 그대는 슬픈가요? 내가 슬픔을 없애드리지요./ 열 번 계속해서 입 맞추어 드리겠어요./ 그리고 이처럼 행복한 키스를 되풀이하며/ 우리 둘이 마음껏 즐겨 봅시다.
- 루이즈 라베 「소네트 18」, (『신 프랑스 명시선』, 2019, 민희식 손무영 편역, 문학의문학) 부분.

'관능적인 정열을 싱싱하게 노래한', 르네상스 시대의 대표적인 여류시인 루이즈 라베가 쓴 이 시는, 당시 사랑하는 사람과의 사랑을 노래한 것이라고 한다. 이 시를 원어(불어)로 읽으면 더 분위기 있는 키스의 향기가 물씬 묻어날 것 같다. 어떻게 보면 그저 그런 식상한 언어의 조합이라고 할 수도 있으나 지금 사랑의 열병을 알고 있는 사람들에게는 계속 읊조리며 행복에 젖을 만도 하다. 시는 시간과 장소에 따라 맛이 다르다. 똑같은 시어라도 항상 똑같은 느낌을 주는 것이 아니다.

시답지 않은 속어도 예술 영역 안에 들어오면 좋은 시가 된다. 거리에 굴러다니는 찌그러진 깡통도 미술 전시장에 그럴듯한 스토리텔링을 달고 모습을 드러내면 예술작품이 될 수 있다. 누구에게는 식상한 단어들의 나열이라고 할 수도 있지만 갓 사랑하기 시작한 사람들에게는 감동적인 시가 될 것이다.

필자는 시와 미술을 좋아해서 언어와 색의 사용에 무척 신경을 쓴다. 똑같은 색과 언어라 하더라도 조합에 따라, 있는 위치에 따라 아주 다양한 분위기를 연출한다. 루이즈 라베의 이 시는 물론, 로댕의 키스, 브랑쿠시의 입맞춤, 클림트의 입술 애무, 에곤 실레가 그린 추기경의 뽀뽀도 다 마음에 와닿는다. 설혹 불륜의 키스면 좀 어떤가. 키스는 그 자체로 사랑의 신호이며 인류의 존재를 확고히 해 주는 활력소다.

문학은 나의 주치의

대부분의 예술가 혹은 예술철학자들은, 예술이 우리를 구원해 준다거나, 좋은 작품은 영혼의 양식이라고 한다. 옥타비오 파스는 '시는 세상을 변화시키고, 내면적 해방의 방법'이라고 하고, 가오싱젠은 '문학은 자기 자신의 가치를 확인하는 과정'이라고 한다. 김춘수에게는 '시를 쓰는 과정 자체가 구원이고, 세상에 시가 있다는 그 사실 자체가 구원'이다.

예술과 정신분석학의 조합인 미술치료, 음악치료, 독서치료 등 다양한 예술치료가, 21세기의 황량한 세상에서 살아남는 방법으로 제시되고 있다. 최근 박서보 화백은 단색화전에서 '미술은 치유의 예술'이라고 했고, 니체는 음악을 통해 삶의 기쁨과 영혼의 해방을 느꼈다. 먼 옛날부터 예술은 우리 영혼의 평안을 위해 없어서는 안 될 존재가 되었다.

나에게 있어서도, 예술은 세상일에 휘둘리어 황폐해져 가는 나의 정신을 치유해 주는 주치의이자 어머니인 셈이다. 누가 알아주든, 알아주지 않든, 문학작품을 쓰고 미술작품을 제작할 때마다, 좋은 글을 읽고 마음에 드는 그림 앞에 설 때마다, 마치 어머니와 대화할 때처럼 푸근해진다. 세상에 분노할 일이 있을 때도 글을 쓰고 그림을 그리면 평온해진다. 주어 동사가 뒤바뀌고 형용사와 부사가 난무하는 난삽한 글을 쓰고, 엉망진창으로 그린 그림을 숱하게 찢어 버리더라도 이를 통해 결국 평안에 이르게 된다.

 이러한 흔적들을 정리하여 모아 놓았다가, 가필과 정정을 거쳐 책을 낼 수 있다는 것은 큰 기쁨이다. 화필을 들고 화선지에 마음 가는 대로 그림을 그리고 지우고 또다시 그려서 전시회를 할 수 있는 것은 큰 행복이다. 마지막 교정지를 인쇄소에 넘겼을 때, 화선지에 그린 그림의 배접을 끝냈을 때, 나 자신을 어렴풋이나마 헤아릴 수 있다. 그 과정을 통해 마음과 영혼이 건강해지는 것이 아닐까 싶다.

 대학 때는 영시와 영수필에 깊은 관심을 가졌지만, 대학을 졸업하고 회사에 몸담기 시작하여 십여 년의 경영현장 실무를 거쳐, 경영학 교수로 30여 년을 봉직했을 때도, 예술은 항상 어머니처럼 곁에서 대화의 대상이었다. 앞으로 남은 세월도 나의 마음을 다독이며 보살펴주는 주치의가 될 것이다.

한 폭의 그림 앞에 설 수 있는
- 이가림 시인께

 잠시 그림을 그리던 붓을 내려놓고, 2012년 5월 정동에 있는 배재학당 역사박물관에서 있었던 한국시문학아카데미의 금요포럼에서, 특강을 마치시고 3층 계단을 지팡이에 의지한 채 불편한 몸으로 내려가시던 뒷모습을 떠올리며 이 글을 씁니다.
 선배님은, 한국시문학아카데미에서 주관한, 2010년 (재)심산문학진흥회 창립기념 특강 「현대 프랑스 시의 흐름과 갈래」와 2012년 특강 「시와 미술 사이」에서, 시와 미술에 관한 좋은 말씀으로 저희를 행복하게 해 주셨습니다.
 한국시문학아카데미는 2004년에 출발하여 매 분기마다 문학뿐만 아니라 미술, 음악, 영화 등 여러 예술 분야에 조예가 깊으신 분들을 초빙하여 강의를 듣고 토론을 하고 있으며, 그 결과를 단행본 『새로운 시론 탐구』라는 시리즈로 발간하고 있지요.
 제가 그림에 관심을 갖기 시작한 것은, 선배님이 쓰신 『미술과 문학의 만남』(2000, 월간미술) 덕분이었습니다. 화가 피카소가 시집을 세상에 선보였듯이, 저는 시인으로서 좋은 그림을 그리기 위해 노력하고 있습니다. 제가 수년간 세계 미술관을 순례한 후 쓴 미술관 순례기 『화폭에서 시를 읽다』(시문학사, 2018)와 화가들의 작품 앞에 서서 쓴 시로만 엮은 시집 『무제2018』(시와시학, 2018)은 선배님께 빚을 지고 있는 셈이지요.

선배님을 시와시학사 사무실에서 가끔 만날 수 있었지만, 무엇보다 「석류」로 제5회 정지용문학상을 수상하신 1993년, 옥천군 정지용 생가에서 시에 관해 긴 시간 대화를 한 기억이 새롭습니다. 제가 2002년에서 시인으로 공식 등단하게 된 계기가 되었지요. 김재홍 교수가 "서정과 지성, 사상성과 예술성의 균형과 조화를 성공적으로 성취해 온 역량 있는 시인"이라고 평한 바 있는 선배님 작품을 본받으려고 애써왔습니다.

"잉걸불 같은 그리움 (…) 영혼의 가마솥에 들끓던 사랑의 힘 (…) 익어가는 어둠을/ 이젠 알알이 쏟아놓아야 하리 //(…)/ 지구가 쪼개는 소리보다/ 더 아프게/ 내가 깨뜨리는 이 홍보석의 슬픔을/ 그대의 뜰에/ 받아주소서"

– 이가림, 「석류」 부분.

선배님은 '그리움'과 '어둠'과 '사랑'을 「석류」에서 시로 훌륭하게 형상화했기에, 1993년에 제5회 정지용문학상을 받으셨지요. 뜰 앞에 있는 석류를 이처럼 훌륭한 작품으로 승화시킬 수 있는 시인의 힘이 경외스럽습니다.

고등학교 시절 미술반 활동을 하시면서 화가를 꿈꾸기도 하셨다는 선배님은, 항상 시화일도(詩畵一道), 시와 그림이 한 길을 가는 것이 동양의 미학적 전통이라고 말씀하셨지요. 미술과 시는 독자마다 상이한 이미지로 읽히는 '추상화'라는 점에서도 동일한 특

오른쪽에서 세 번째가 이가림 시인, 네 번째가 필자

징을 가지고 있다고 하겠습니다. 수용미학에 기대어 이해하자면, 아무리 사실적인 그림이라 하더라도, 아무리 쉽게 읽히는 시라 하더라도, 접하는 사람마다 다른 이미지로 받아들일 수 있어야 훌륭한 작품이라고 저는 믿고 있습니다.

선배님의 저서 『미술과 문학의 만남』에서 읽은, 엘뤼아르가 피카소에게 보낸 편지의 한 구절에 빗대어 선배님을 불러 봅니다. "피카소가 한 편의 시 앞에서 설 수 있는 화가였던 것처럼, 이가림은 한 폭의 그림 앞에 설 수 있는 시인이셨다"고 말입니다.

선배님의 유고시집 『잊혀질 권리』(시와시학, 2018)에서 "없어진 있음으로/ 조용히/ 지워지고 싶어"(「잊혀질 권리」 부분)라고 하신 선배님, 비록 이 세상에서 육신은 '없어'지셨지만 작품으로 남아 '있어' 오늘 이 편지를 쓰게 되었습니다. 하늘나라에서 빙긋이 웃고 계시는군요.

가치는 무엇으로 결정되는가

가치평가는 인간 사회 어디에서나 화두가 되고 있다. 증권시장에서는 기업의 가치평가가 중요하여 많은 저서가 출간되어 있다. 필자도 『가치평가론』(도서출판 두남, 2004)이라는 저서를 통해 '미래'의 성장성과 수익성이 높을수록 기업가치는 높다는 사실을 실증적으로 검증한 바 있다. 최근 삼성전자 주가가 최대의 실적에도 불구하고 부진한 것은 바로 투자자들이 삼성전자의 미래에 대한 확신을 가질 수 없기 때문이다.

사람에 대한 가치평가도 마찬가지로 미래에 대한 비전이 중요하다. 미래도 과거와 현재의 연장 선상에 있기 때문에 검증할 수밖에 없지만, 지나친 과거에 얽매이면 핵심인 미래가치를 볼 수 없다. 국민이 의식주에 휘둘리지 않고 평안하게 살 수 있게 할 수 있는 비전을 가진 지도자가 선거에서 뽑혀야, 우리나라가 명실상부한 선진국의 반열에 들 수 있을 것이다.

예술작품도 마찬가지다. 필자가 가장 좋아하는 고흐의 경우에, 생존 당시에는 억지로 그림 한 점이 팔렸을 뿐이었지만, 지금은 그의 모든 작품이 가장 비싼 가격의 반열에 들고 있다. 만약 당시에 고흐 그림의 미래가치를 알고 그의 그림을 샀더라면 지금에는 대박이었을 것이다.

왜 고흐가 위대한가? 고흐의 미래가치는 무엇이었는가? 내가 보기에는 무엇보다 그는 십여 년간 열정적으로 그림에 미쳤으며, 그 결과 당시 유행했던 인상주의에서 한 발짝 더 나아가 새로운 기법으로 작품을 혁신했기 때문이다.

매튜 키이란(Matthew Kieran)은 『예술과 그 가치』라는 책에서 '좋은 예술작품이란 여러 가지 방식으로 삶에 대한 통찰력과 이해, 세계를 보는 방식을 풍요롭게 해 주는 작품이며, 나쁜 작품은 당대의 취향에 굴복하여, 경험의 확장이라는 문제의식이 없고, 단선적인 주장을 반복하는 작품들'이라고 했다.

문학작품에도 그대로 적용되는 기준이다. 자기 작품이 최고인 양 과거와 현재에 안주하고, 미래를 위해 시간과 열정을 투자하지 아니하면 그저 철 지난 상품처럼 폐기처분되고 만다. 얼마나 많은 작가들이, 작품들이, 잡지들이 쏟아지고 있는가. 결국 오랜 시간의 테스트를 거쳐 어떤 것은 클래식으로 많은 사람의 입에 회자되고, 어떤 것은 쓰레기통 신세를 질 것이다. 비록 지금은 천대를 받고 있는 작품도, 세월이 지나면서 많은 사람들에게 회자되어 클래식의 반열에 오를 수 있다, 마치 고흐의 그림들처럼. 독자나 평자는 모든 작품 하나하나를 귀하게 대해야 한다. 물론 자기에게 맞지 않은 작품이라 하여 외면할 수는 있지만, 잘못을 들춰내려 시시비비를 논할 수는 없다. 오랜 테스트를 거쳐 저절로 걸러질 것이기 때문이다.

예술작품 창작은 물론, 세상만사 열정과 혁신이 가장 중요한 키워드가 아니겠는가 싶다. 끊임없이 새로운 것을 모색하고, 열정적으로 작품을 쓰며, 그러기 위해 많은 것을 보고 배워야 한다. 안주하는 것이 가장 위험하다. 오히려 과거의 실패가 과거의 영광보다 더 좋은 약이 되기도 한다. 무엇보다 과거의 영광 혹은 실패에 끌려다니기 보다는, 부단한 배움과 개혁과 열정의 삼박자가 맞아야 좋은 상품, 좋은 작품, 좋은 지도자가 될 수 있다.

머리로는 평생을 배워야 한다는 것을 잘 알면서도, 부지런히 새로운 것을 모색해야 하는 것을 알면서도, 끊임없는 열정을 가지고 살아야 한다는 것을 알면서도, 성격과 환경에 휘둘리어, 손발로 실천하는 것이 쉽지 않다. 그러기에 성공한 기업, 인류를 구할 기술, 사람의 영혼을 풍성하게 다독일 예술작품이 적은 이유가 아닐까 싶다.

이번 코로나19 시대를 통과하면서, 더욱 새로운 가치를 창출하기 위해, 배움, 개혁, 열정이 우리 문학인들에게 용솟음쳐, 새로운 시대를 경작할 많은 예술작품들이 쏟아지기를 기대한다.

또 다른 창작이 되는 예술작품의 차용

 최근 음악계에서 다른 사람의 작품을 표절했다는 시비가 일고 있다. 그동안 잘나가던 작가의 작품이 표절로 밝혀지면서 하루 아침에 웃음거리가 되고, 정치인의 장식품으로 유행하던 학위논문이 표절로 밝혀져 국회가 시끌시끌한 적이 한두 번이 아니다.
 '이 세상에 새로운 것은 하나도 없다'는 피카소의 말이 떠오른다. 예술작품이든 논문이든 기존 것에 기대어 조금씩 수정과 보완하면서 발전하는 것이다. 아무리 새로운 논문이라 하더라고, 많은 부분은 기존 것을 섭렵하여 정리하고, 거기에 연구자가 발견한 새로운 사실을 첨가하여 완성하는 것이다.
 미술작품도 마찬가지다. 고흐도 밀레의 많은 작품을 나름의 기법으로 해석하여 그렸다. 뒤샹은 「모나리자」 그림엽서에 수염을 그려 넣고 L.H.O.O.Q.라는 제목을 붙여 자신의 작품을 만들었다. 엘리엇의 장시 「황무지」에는 많은 인용이 있고 또 각주가 붙어 있다.

 우선 차용과 관련된 용어를 사전을 참고하여 정리해보자. 위작(僞作) 또는 위조(僞造)는 원작자의 승낙 없이, 똑같이 만들어 놓고

철저히 숨기는 경우로, 짝퉁을 말한다. 표절(剽竊)은 '저작권법상 보호되는 타인의 저작, 연구 착상 및 아이디어나 가설, 이론 등 연구 결과 등을 정당한 승인 혹은 인용 없이 사용하는 행위'다.

레플리카(replica)는 원작자가 자기 작품을 복제하여 보존하려는 뜻에서 손수 만든 사본이다. 모작(模作), 모사(模寫), 모각(模刻)은 남의 작품을 본떠서 제작하는 것이다. 동양화를 배울 때에 제자들은 스승이 그려준 그림을 보고 그리면서 배운다. 대작(代作)은 다른 사람에게 간단한 스케치나 제작 방법 설명을 해 준 후 나머지를 완성하게 하는 것이다. 대가들이 흔히 조수들을 두고 대작을 하게 하는 경우가 적지 않다.

패러디(parody)는 원작이 무엇인지 분명히 밝히고 새로운 아이디어를 첨가하여 새로운 작품을 만드는 것이다. 반면에 패스티시(pastiche)는 '풍자나 희극적인 요소 등 나름의 목적의식이 없이 단순히 다른 작품의 요소들을 나열하는 것'이며, 특히 소설에서는 원작의 설정과 인물들을 활용하여, 다른 소설가가 새로운 이야기를 쓰는 경우도 있다.

용인되는 차용은 패러디, 패스티시, 대작을, 허락되지 않는 차용은 위조, 위작, 표절을 들 수 있다. 일반적으로 누가 봐도 다른 사람의 그림을 보고 응용하여 그린 것이라고 인정된다면 그것은 허용될 수 있을 것이다. 출처를 분명히 하고 그것을 모작, 모사, 모각했다면 그것 또한 허용될 수 있다. 가장 중요한 것은 남의 창작물을 마치 자기 것인 양 할 때가 문제가 된다. 물론 너무나도 일반적인 진술은 출처를 밝힐 필요가 없을 것이다. 그 한계가 모호하기는 하지만.

스페인 출신 벨라스케스(Diego Rodríguez de Silva y Velázquez, 1599~1660)의 「시녀들」(Las Meninas, 1656, 318x276cm, 유화, 프라도미술관)은 많은 예술가들이 나름대로 다양한 방법으로 해석하여 그렸다. 피카소는 수십 차례 피카소 고유 스타일로 「시녀들」을 그렸고 그중에 대표적인 것은 1957년에 그린 것으로 피카소미술관에서 만날 수 있다. 고야, 마네, 달리 등의 화가들도 벨라스케스의 그림을 재해석해서 그렸다. 특히 달리가 그린 「시녀들」을 보면, 구성은 벨라스케스의 「시녀들」과 유사하나, 사람들을 그리지 아니하고 대신 큰 숫자로 그려놓았다. 벨라스케스의 마르가리타 공주는 8이라는 숫자로 대체되었고, 벨라스케스의 개는 2라는 숫자로 표시했다.

벨라스케스의 '시녀들'

달리의 '시녀들'

벨라스케스의 「시녀들」을 차용하여 그림을 그린 화가들뿐만 아니라, 이 그림에서 영감을 얻어 작품을 제작한 음악가와 소설가도 있다. 박민규의 소설 『죽은 왕녀를 위한 파반느』는 못생긴 여자와 잘생긴 남자의 사랑 이야기다. 벨라스케스의 그림 「시녀들」을 보고 영감을 얻어 작곡했다는 모리스 라벨의 피아노곡 「죽은 왕녀를 위한 파반느」라는 춤곡(파반느)을 들으면서, 벨라스케스의 그림에 있는 못생긴 난쟁이 하녀의 이미지를 떠올리며 이야기를 전개해 나간다. 이처럼 좋은 작품은, 후세에도 오랫동안 또 다른 명작의 원천이 된다.

피카소의 '시녀들'

  글을 쓰다보면 어디선가 읽은 것 같은데 출처를 찾을 수 없어 원고 마감일이 다가와 급한 김에 어물쩡 넘어가 버리는 경우가 있을 수 있다. 대학원생들을 지도하다보면 성격상 꼼꼼하게 챙기는 사람은 그런 실수를 하지 않으나 덤벙대는 성격의 경우 그런 사례를 종종 발견하게 된다. 요즘은 카피킬러같은 표절검사 프로그램이 있어 논문의 경우 표절률과 인용률을 체크하게 되어 있어 큰 도움이 되고, '몰라서 표절이 되었다'고 변명도 할 수 없다.

  우리가 죽는 그날까지 배움을 그칠 수 없는 것은, 선진들의 우수한 것을 배우고 이를 응용하여 자신의 발전을 도모하기 위한 것이다. 남의 것을 무의식적이든 의식적이든 자기 것인 양 차용했다면, 제작자 본인도 마음이 개운치만은 않을 것이다. 어차피 나중에는 밝혀질 사실이 아니겠는가. 남의 잘못을 찾는데 혈안이 되기 보다 더 좋은 작품을 내놓기 위해 혈안이 되었으면 좋겠다. 예술계나 정치계나.

긍정의 시선으로 가는 길

학부 시절 피천득 교수님께 배워 평생 애송하는, 미국 시인 로버트 프로스트의 「가지 않은 길」로 이 글의 문을 연다.

노란 숲속에 길이 두 갈래로 났었습니다.
나는 두 길을 다 가지 못하는 것을 안타깝게 생각하면서
오랫동안 서서 한 길이 굽어 꺾여 내려간 데까지,
바라다볼 수 있는 데까지,
멀리 바라다보았습니다.

그리고 똑같이 아름다운 다른 길을 택했습니다.
그 길에는 풀이 더 있고,
사람이 걸은 자취가 더 적어,
아마 더 걸어야 될 길이라고 생각했던 게지요.
그 길을 걸으므로 그 길도 거의 같아질 것이지만

그 날 아침 두 길에는
낙엽을 밟은 자취는 없었습니다.

아, 나는 다음 날을 위하여 한 길을 남겨두었습니다.
길은 길에 연하여 끝없으므로
내가 다시 돌아올 것을 의심하면서.

훗날 훗날에 나는 어디선가
한숨을 쉬며 이야기할 것입니다.
숲속에 두 갈래 길이 있었다고,
나는 사람이 적게 간 길을 택하였다고,
그리고 그것 때문에 모든 것이 달라졌다고.
- 로버트 프로스트, 「가지 않은 길」 전문.

이 시의 화자는 지금 가고 있는 길이 최선의 길임을 확인하고 있다. 비록 먼 훗날에 자신이 한숨을 쉬며 다른 길을 택할 수 있었다는 아쉬움을 이야기할지도 모르지만, 인생길은 두 길을 다 택할 수 없는 것이기 때문이다.

나도 지금의 내가 가고 있는 길에 자부심을 가지고 있다. 학부에서 문학의 길에 들어섰지만, 졸업 후 회사로 진출하면서 30여 년의 경영학도의 길을 지나, 21세기 초입에야 문학의 길로 회귀한 것을 다행으로 생각하고 있다. 경영학 교수로서의 길도 적지 않은 저서와 논문을 남겼기 때문에 후회 없이 걸어온 길이었다.

내 삶의 나침반은 무엇보다도 어느 길을 가던 긍정의 시선으로 최선을 다하는 도전정신이라 하겠다. 살아가는데 필요한 것이라면 과감히 도전하고, 평균 이상의 수준에 도달할 때까지, 최고가 되기보다는 최선을 다하려고 노력한다. 최고가 된들 그게 죽음을 마주할 때 무슨 소용이 있을까도 싶고, 훗날 세상 사람들의 기억에 남은들, 천국에서는 무슨 가치가 있을까 싶다.

삶을 보는 자세에는, '긍정의 시선'과 '부정의 시선'이 있다. 그것은 노력으로 되는 것이 아니고, 무의식에 의해 좌지우지되는 것 같다. 칼 융에 의하면, 우리의 마음은, 우리가 알고 있는 마음인 '의식'과, 모르고 있는 마음인 '무의식'으로 이루어지며, 무의식은 '개인무의식'과 '집단무의식'으로 구분될 수 있다. 집단무의식은, 옛 조상이 경험했던 의식이 쌓인 것으로서 모든 민족들에게 공통된 정신의 바탕을 이루고 있다. 개인무의식에는 개인이 어릴 때부터 쌓아온 의식적인 경험이 들어 있어, 그 사람의 생각과 행동에 영향을 준다고 한다.

나의 무의식 DNA에는 긍정의 핵(원형)이 있는 모양이다. 모든 것을 긍정적인 시각으로 바라보며, 새로운 분야에 겁 없이 도전하는 정신도 가지고 있다. 긍정적인 삶은 잘 풀리지만, 부정적인 태도는 행복과는 거리가 멀다고 경영학 시간에 학생들에게 가르쳤다. 칭찬은 고래도 춤추게 하기 때문에 항상 만사를 좋은 점만 보려고 노력하자고 강조했다.

숲속의 길을 가다보면 가파른 길도 있고 평탄한 길도 있다. 밝은 길도 있고 어두컴컴한 길도 있다. 꽉 막혀 돌아가야 할 길도 있다. 지금까지 내가 걸어왔던 길을 되돌아보면, 항상 하나님께서 가장 좋은 길로 인도하셨다는 것을 확인하는 삶이었다. 긍정의 시선으로 글을 읽고 쓰며, 지금에 최선을 다하는 것이 가장 좋은 길이라 다짐하면서, 휘파람을 불며 나의 길을 뚜벅뚜벅 가고 있다.

꽃씨도둑

　가을이 오면 나는 영락없는 도둑이 된다. 집 앞에 있는 양천성당 정원과 즐겨 산보를 가고 있는 신트리 공원에는 사시사철 많은 꽃들이 피어 있다. 오가며 관리인의 승낙도 받지 않고, 지난 가을에 크고 빨간 나팔꽃 씨와 노란 분꽃 씨를 따다가, 금년 봄에 농장에 심었더니 꽃이 만개했다. 나의 사무실 옥상 정원에는 8평 남짓한 텃밭과 시골 농장에는 제법 넓은 정원이 있다.
　길가에 조성된 꽃밭이나 공원을 오다가다 예쁜 꽃이 있으면 점 찍어 두었다가, 가을에는 어김없이 꽃씨를 채집한다. 물론 봄에는 양재동 꽃시장을 찾아, 여러 가지 꽃을 감상하면서 정원에 심을 꽃을 사기도 한다. 희귀한 나무들은 인터넷을 통해 두어 그루씩 원예종묘회사에 주문을 한다.
　아침마다 가지각색의 꽃과 인사를 나누고, 철마다 달리 익어가는 열매들을 보는 재미는 무엇과도 비길 데가 없다. 금년에도 복수초로 시작해서 매화와 수선화, 백목련과 개나리, 라일락과 철쭉, 모란과 매발톱, 마가렛과 아이리스, 장미와 낮달맞이꽃, 으아리와 베로니카, 백합과 수국, 칼라와 다알리아, 수련과 나리꽃이 순서대로 차근차근 피었다.

시골 농장에 심은 과일나무도 앵두와 보리수, 살구와 자두, 복분자와 아로니아, 복숭아와 포도, 사과와 감의 순서대로 열매가 익어간다. 겨울에는 까치밥으로 남겨 놓은 감과 산수유 열매들이 겨울을 빨갛게 달군다. 사계절이 꽃과 과일 잔치다.

금년부터는 꽃이 처음 핀 달과 과일이 익어 수확하기 시작한 달에 찍은 사진으로 손주들 달력에 배경사진으로 활용해야겠다. 손주들이 태어날 때부터 찍은 사진으로 매년 12월에 다음 해 달력을 만들어 오고 있다. 탁상용 달력은 아이들의 성장 과정이 요약되어 담겨 있으니 모아두면 좋은 성장일기가 되지 않을까 싶다.

꽃씨는 종묘회사에서 살 경우, 색과 홑겹을 구분하기 어려워 가능한 꽃이 피어 있을 때, 장소와 꽃 이름을 메모해 두었다가 가을에 꽃씨를 얻는 게 가장 좋다. 정원에 꽃을 심을 때는 색깔의 조화도 필요하고, 꽃을 사시사철 정원에서 볼 수 있도록 피는 시기를 조율하는 것도 중요하다. 요즘은 공원들과 거리에는 많은 꽃들이 심어져 있어 좋은 꽃씨를 모으기가 어렵지 않다.

길가에서나 공원에서 꽃씨를 채취할 때에는 어김없이 피천득 선생님의 「꽃씨와 도둑」이 떠오른다.

마당에
꽃이 많이 피었구나

방에는
책들만 있구나

가을에 와서
꽃씨나 가져가야지

- 피천득 「꽃씨와 도둑」 전문.

마당에 꽃이 피어 있고 책들이 많이 꽂혀 있는 집에는 그리 훔쳐 갈 것이 많지 않으리라는 생각도 재미있지만, 이 도둑은 쌀독에서 쌀을 훔쳐 가도 탈탈 털어갈 것 같지가 않다.

보릿고개를 경험했던 우리 어머님은 텃밭은 물론 공터만 있으면 채소와 곡식을 심으셨다. 당연히 수선화나 봉선화, 국화 같은 꽃들은 울타리 밑을 차지할 수밖에 없었다. 그러나 요즘은 꽃들이 당당히 정원 안으로 들어온다. 이제 꽃들이 채소들을 밀어내고 텃밭이나 공터의 주인공이 되었다.

텃밭에 여러 가지 채소를 심어, 유기농 채소라고 집사람에게 가져다주어도 환영 받지 못한다. 열심히 기른 내가, 잘 다듬어 바쳐야 한다. 슈퍼마켓이나 시장에 가면 잘 다듬어진 것들을 살 수 있기 때문에 다듬지 않고 가져다주면 고마워하기는커녕 인상부터 찌푸린다.

사무실 창가에 주렁주렁 열린 포도는 새들의 먹이가 되고 있다. 익어가는 모습을 보려고 종이봉지를 씌우지 않으니 달게 익을 때까지 몇 개 남아나지 않는다. 우리가 바라보고 있어도 겁 없이 익어가는 포도알을 쪼아 먹는다. 그 대신 새벽부터 각종 새들의 노래 소리가 아침을 즐겁게 한다.

농장에서 잡초와의 싸움이 버겁기는 하지만, 꽃피고 열매를 맺는 과정을 바라보는 것은 도덕교과서보다 훨씬 삶을 지혜롭고 풍요롭게 해 준다. 꽃과 나무에 얽힌 전설들을 찾아보면서 작품을 구상하면 금상첨화다.

  대부분의 꽃에는 신화나 민담에 얽힌 전설들이 있다. 때로는 내가 글을 쓸 때 그 전설들을 각색하기도 하고, 새로 만들어 사용하기도 한다. 꽃을 오래오래 바라보고 있노라면 상상의 날개를 타고 이야기가 샘솟는다.

겨울 문턱 감나무 아래에서

고희 생일에 시작한 일주일간의 첫 개인전을 막 끝내는 참이다. 전시실에서 그림을 철거한 후, 인사동 경인미술관 뜰에 있는 감나무 밑 의자에서 텅 빈 전시실을 바라보며 잠시 파노라마처럼 지나간 세월들을 복기해보았다. 감나무를 올려다보니 이파리는 다 지고 붉고 굵은 감들이 옹기종기 가지마다 빼곡히 모여 있다. 나의 나무도 저렇게 아름다운 열매들이 풍성할까?

참으로 부지런히도 달려온 세월이었다. 젊은 시절 1970년대 후반, 국제그룹에서 새벽별을 보고 출근하여 한밤중에 퇴근하면서, 막 시작되는 우리나라 경제의 국제화를 위해 노력했던 생활습관이 몸에 배어, 일이 없으면 불안한 것이 많은 것에 도전하게 만들었다.

대학 강단에서 정년퇴임 후, 5년 동안 열심히 살았던 것을 정리하는 시기를 만 70세 생일에 맞추다 보니 금년에는 참으로 많은 것을 해낸 것처럼 보인다. 2월에 중앙대학교에서 문학박사 학위를 받고, 7월에 미술관 순례기(『화폭에서 시를 읽다』), 8월에 세계명화를 대상으로 쓴 시집(『무제2018』), 11월에 제7시집이자 문인화 도록의

역할을 겸한 시화집(『아침에 읽는 시』), 그리고 12월에는 정부기관의 지원을 받아 나의 문예론(『예술 융·복합 시대의 시문학』)를 출간하게 되었다. 시, 수필, 평론은 모두 그동안 여러 문예지에 연재했던 것을 마무리한 것이고, 문인화는 '내 시는 내가 그리겠다'는 각오로 12년 동안 연습한 것을 정리한 것이다.

차가운 날씨에 더욱 붉어진 감들을 보며, 이제 '삶은 좀더 느리게, 글은 좀더 새롭게, 그림은 좀 더 향기롭게'라는 각오를 다져본다. 마침 지방 공단에서 제법 큰 규모의 사업을 하고 있는 친구에게서 전화가 왔다.

"하필 네 전시회가 열리자 중요한 일이 터져서 못 갔다, 미안하다."

"나도 과거에 회사 생활을 제법 해 봤으니, 사업하는 놈 바쁜 것 잘 이해한다. 제2회 개인전에는 꼭 와라."

"그래, 그래, 내년에 할 거니?"

"10년 후, 80세 기념으로…. 그리고 제3회도 90세 때 여기 경인미술관에서 열거야."

"할 수 없이 네 개인전 보기 위해 건강하게 오래 살아야겠다. 네 덕에 장수하겠는걸. 하하."

마침 바람이 부니 감나무에 달려 있던 홍시 하나가 툭 떨어지며 웃는다. 문인으로 이름을 떨친들, 화가로 그림이 잘 팔린들, 그게 천국에 가서 무슨 소용이 있겠는가 싶다. 그러나 어떤 목표를 세워 놓고 살아간다는 것은 삶을 활기차게 만든다. 나는 프로추어를 지향한다. 프로같이 열심히 노력하지만, 막상 이루어놓고는 아마추어처럼 즐기자고. 글이 재미없다고, 그림이 시원찮다고, 누가 뭐라 하든, 쓰고 그리는 자체를 즐기는 아마추어 정신을 잃고 싶지 않다.

적지 않은 사람들이 말한다. 인간은 한계가 있는 법인데 시, 수필, 소설, 평론 거기다가 그림까지…. 겉으로는 부러워하는 것 같으면서도 하나라도 제대로 하라는 뉘앙스가 풍긴다. 그러나 나는 조부께서 학이시습지 불역열호(學而時習之 不亦說乎)라고 늘 말씀하신 것에 세뇌되어 있다. 교단에서 학생들을 가르치는 것보다, 학생으로 책상에 앉아 배우는 것이 즐거워, 가르치는 세월보다 배우는 시간들이 더 많았던 칠십 평생이었다. 미지의 세계에 대한 궁금증은 참을 수 없다.

청룡대에서 다져진 문학사랑

내가 중앙대와 인연을 맺은 것은 서울대 영어교육과에 다니면서, 상도동 이화약국 근처에서 영어 입주 아르바이트를 할 때였다. 시간만 되면 청룡대 연못가 의자에 앉아, 물을 뿜어내는 청룡 그리고 주위에 심어진 수련과 대화하면서 작품을 구상했던 것이다. 이때부터 수련을 좋아하게 되어, 지금도 사무실 옥상에서는 큰 수반에, 시골농장에서는 작은 연못에 수련을 심고, 수련 꽃 속에서 아름다운 뮤즈 여신이 나타나기를 학수고대하고 있다.

조부님이 서당 훈장을 하시면서 한시를 많이 지으셨고, 막걸리를 즐겨 드시며 시조를 읊으셨던 환경에서 어린 시절을 보낸 나는, 한평생 학생들과 함께 하면서 글을 쓰라는 프로그램이 입력된 듯싶다. 조부님은 장손인 나를 무척 사랑하셨고, 내가 걸음마를 배우기도 전에 할머니께서 세상을 떠나셨기 때문에, 어린 시절 내내, 할아버지와 함께 자고 밥상머리에서 조부님의 자작시 해설을 들어야 했다. 많이 드시지는 않았지만 항상 막걸리를 즐겨 드셔서, 가게에 가서 막걸리를 시다 드리는 심부름도 내가 주로 했다. 당시는 주전자를 가지고 가게에 가면 막걸리를 한 됫박씩 팔았다.

대학에 입학하자마자 피천득 교수님의 영시와 영수필 강의에 심취하였다. 얼마 전에 집안을 정리하다가 옛날 성적표를 들춰보니 학부에서 가장 많이 수강한 과목이 피천득 교수님과 황동규 교수님 강의였다. 서울대 사범대가 관악캠퍼스로 이전하면서 사범대와 인문대가 교과 과정을 함께 운영하던 때가 있어서, 당시 개설된 황동규 교수님의 영시는 모두 수강하였다. 중간에 군대를 다녀오는 바람에, 입학은 용두동 청량대에서 했지만, 졸업은 관악캠퍼스에서 하게 되었기에 가능했다.

학부를 졸업한 후, 우리나라 경제에 국제화 바람이 불어 외국어를 전공한 사람은 좋은 직장 구하기가 쉬웠기 때문에, 나도 회사로 진출하면서 작품 쓰기를 게을리하게 되었다. 조부님은 서당 훈장으로, 작은 할아버님은 대학에서, 아버님은 초등학교에서 평생을 보내신 교육 가족이어서 당연히 나도 교단에 서기 위해 사범대학을 택했었다. 그러나 서울대에서 국어교육을 전공한 아내가 국어선생님으로 근무하게 되자, 나는 회사로 방향을 틀게 되었다. 결국은 대학 강단으로 돌아와 오랜 세월을 보냈으니 우리 가문의 전통을 좇아, 교육이 나의 평생 사명이 된 것이다.

당시 내가 근무하던 국제그룹 중역 한근환 씨의 형님이신, 중앙대학교 행정학과 한영환 교수님께서 국제경영대학원장을 맡았던 때에, 기업위탁교육과정인 해외진출자를 위한 전문교육을 야간에 받게 되었다. 교육 과정을 최우수 성적으로 수료하여 장관상을 받았고, 1979년에 국제경영대학원(야간) 장학생으로 다니도록 특혜가 주어졌다. 도중에 해외지점(국제그룹 중동사업본부 종합기획실)에서 2년여 근무하다가 귀국하여 졸업하였다. 얼마 후 국제그룹이 공중분해되자 한영환 대학원장님의 권유로 경영학 박사과정에 입학하게 되었다. 국제그룹이 전두환 정권에 의해 무너지지 않았다면 대학 강단에 설 수 없었을 것이니, 내가 가장 싫어하는 사람 중에 하나인 전두환에게 감사해야겠다는 우스갯소리도 자주 하게 되었다.

중앙대와 인연을 맺은 기간을 세어보니 공식적인 등록 횟수로 계산해도, 국제경영대학원 석사 과정 2년 반, 대학원 경영학 박사 과정 3년 반, 예술대학원 시(詩) 전문가 과정 1년, 대학원 문학박사 과정 4년, 총 11년간 학생 신분이었다. 경영학과와 예술경영학과 강사로 세 학기를 함께 한 기록을 포함하면, 10년을 훌쩍 넘는 세월을 중앙대에서 보낸 것이다.

문예창작 전문가 과정은, 경영학박사학위를 받고 배재대학교에서 1990년부터 경영학교수로 봉직하면서, 기업에서보다 시간적 여유가 생겨, 중단되었던 문학의 길로 들어서기 위해 21세기 벽두에 문을 두드렸고, 시인과 수필가로 등단하게 된 계기가 되었다. 정년퇴임을 하고는 중앙대 문학박사 과정에 입학하여 공부하면서 평론과 소설로도 등단하게 되어 나름대로 문학에 대한 기초를 다지는 기회가 되었다. 돌아보면 공식적인 등단 과정을 통해 문학에 터를 잡은 것은, 중앙대학교에서의 문학수업 덕분이다.

서울대에서 4년간 영문학을 접하는 기회를 가졌지만, 중앙대학교에서 11년간 학생(경영학 6년, 문학 5년)으로 있었으니, 나의 문학은 서울대에서 씨를 뿌렸지만, 수확하게 된 것은 중앙대라 할 수 있다. 아마도 청룡의 정기를 듬뿍 받은 때문이 아닐까 싶다. 지금도 가끔은 글쓰기가 막막할 때 청룡대를 찾아서 부끄럽지 않은 문학의 길을 가겠다고 다짐한다.

소비형 국문학도와
생산형 국문학도 이야기

 웬 뜬금없는 소비형 국문학도, 생산형 국문학도? 고개를 갸우뚱하겠지만, 독서광으로 항상 책은 손에서 놓지 않고 있으나, 글을 쓰지 않는 집사람 황월수(서울대 국어교육과 70학번)를 나는 소비형 국문학도라고 부른다. 나도 책을 읽기는 하지만, 읽은 것에 대해 뭔가 써 놓아야 직성이 풀리는 생산형 국문학도라고 할 수 있을 것이다. 아내 말대로라면, 나는 되(升)로 벌어서 말(斗)로 써먹는 부류에 속한다.
 물론 경제발전은 생산과 소비와 투자가 활발해야 이루어지는 것이니, 우리 내외는 국문학 발전에 공헌하고 있는 셈이다. 내가 생산형 국문학도가 된 이유는 아마도 십여 년의 회사 생활과 경영학 교수로서의 이십여 년 세월을 지내다 보니, 뭔가 성과를 내지 않으면 불안한, 생산적인 활동이 몸에 밴 것이 아닐까 싶다. 게다가 제대로 된 제품(글)을 생산하고자, 2014년 2월에 25년간의 경영학 교수를 마감하고 이어서 3월부터, 중앙대학교 문학박사 과정을 밟았다. 연구재단 등재 학회지에 논문 두 편도 게재했고, 박사학위 논문도 마무리지었다. 정식으로 국문학도 계열에 들어선 것이다.

문학박사 과정 수업을 받으면서 느낀 점은, 특히 젊은 교수들이, 나이 많은 학생에 대해 부담스러워하고, 적지 않은 사람들이 나의 만학에 고개를 갸우뚱하는 것이었다. 경영학의 경우, 젊은 교수들이 나이 많은 최고경영자들에게 자기 전공분야를 당당하게 가르치고, 나이 많은 사장님, 회장님들도 젊은 교수들에게 새로운 경영학 지식을 지도받는 것을 당연하게 여기고 있다. 자기 전공분야에서는 최고일지 모르지만, 다른 분야에서는 나보다 앞서가는 지식을 가진 사람에게서 배우는 것이 당연하다 싶고, 나는 교수로서보다 학생으로 강의실에 있는 것이 즐겁다.

경영 현장에서는 항상 새로운 지식과 기술로 무장하지 아니하면 시장에서 즉시 도태되고 만다. 그런데 문단에서는 배우려는 풍토는 별로 보이지 않고, 좋은 작품보다는 등단 연도를 내세우며 권위로 버티려고 하는 분들이 적지 않다. 등단 연도가 오래될수록, 나이가 들수록, 작품에서 쉰내가 나는 분들이 많은 이유가 배우기를 부끄러워하기 때문이 아닐까. 좋은 제품(작품)을 생산하기 위해, 끊임없이 새로운 지식과 정보로, 무디어지는 상상력과 희미해지는 창의력을 깨우기 위해, 눈에 불을 켜고 책장을 뒤적이며 연필을 깎아야겠다고 날마다 다짐하고 있다.

나는 경영학 분야에서는 남 못지않게 책과 논문을 썼지만, 문학에 전념한 것은 그리 오래되지 못했다. 그래서 문학적인 글을 쓰고 출판사에 원고를 보내기 전에 반드시 검열을 통과해야 안심한다. 바로 그 검열관이 한평생 국어교육에 헌신한 집사람이다. 내 작품에 대한 맨 처음의 독자이자 신랄한 비평가인 셈이다. 집사람은 노상 책을 손에서 놓지 않으면서도, 글을 쓰는 생산활동에는 전혀 무관심하다. 생산 활동에 부지런을 떠는 나에게서 전염이 되

없는지, 수도여고 국어선생님을 마지막으로 교단에서 명예퇴직을 한 후, 연세대학교 연합신학대학원에서 심리상담 공부를 열심히 하고 또 상담활동에도 부지런을 내고 있기는 하지만, 그리 고객이 많은 것도 아니어서 여유로운 시간을 즐기고 있다. 또한 부부가 문학기행 같은 활동에, 누구의 아내가 아닌 떳떳한 독립 작가로 동행하기 위해 자신도 수필가로 등단하여 '예술인증명서'도 발급받았지만 원고 청탁이 와도 흔쾌히 원고를 보내는 성격이 아니다.

나는 대학을 졸업하고 잠깐 중학교에서 교편을 잡았지만 70년대 후반 우리나라 기업들의 해외진출 붐에 편승하여 기업으로 직장을 옮겼다. 다니던 국제그룹이 공중분해되고, 십여 년을 새벽달을 보고 출근하여 저녁달을 보고 퇴근하는 생활에 젖다보니 일이 없으면 불안했다. 그 덕에 경영학 공부를 하게 되었고 교단으로 돌아와 많은 저서와 논문을 생산하게 되었다. 대학 강단에 서면서, 회사보다도 훨씬 시간적 여유를 갖게 되어 청량대에서 꿈꾸었던 문학의 세계를 넘겨다보기 시작했다. 21세기 문턱에 들어서면서 시인으로, 평론가로 등단하여 글을 쓰다 보니 뭔가 2% 부족하여 문학박사 과정에 도전한 것이다. 젊은 시인과 소설가들의 작품을 읽고 또 새로운 문학 이론서와 논문들을 읽으면서 내가 너무도 문학에 대해 무지함을 절감하고 있다. 내 나름의 예술론, 문학론, 시론을 써야 한다는 강박관념에 요즘 많은 책들을 뒤적이고 있는데 예전과 같은 총명과 끈기가 부족하여 고전하고 있다.

시인하고는 결혼하고 싶지 않았다고 자주 투덜대면서도, 내 작품을 열심히 읽어주고 또 비평해 주면서, 글 쓰는 것을 거들어 주는 아내가 있어 내가 작품 생산활동에 매진할 수 있는 것이다. 문학 소비자와 문학 생산자의 궁합이 잘 맞아 행복한 삶의 후반기를 장식하고 있는 듯싶다.

　이 원고를 쓰면서 뒤돌아보면, 나는 1968년도에 입학하여 일년 동안 열심히 문학회 활동을 하다가 권총(F학점)을 3개나 차는 바람에 아버님 몰래 군대(공군 번역실)로 도피했다. 1976년에야 관악캠퍼스에서 졸업하게 된 장학생(長學生)이었다. 내가 입학 당시 문학회장 김재홍 선배를 비롯하여 입학 동기인 우한용, 유자효 등과 함께 『창작시대』(서울대출판부, 1968) 동인지 창간을 위해 직장을 가진 문인 선배들 주머니를 털려고 기웃대던 기억이 새록새록하다. 창간호를 들춰보니 김상기, 김재홍, 박윤주, 김태일, 권경안, 한인숙, 왕한석의 시와 장영관, 김한영, 우한용, 김태일의 단편소설들이 나를 청량대 시절로 돌려놓는다. 독일어교육과의 정지창, 불어교육과의 유자효와 문보환, 영어교육과의 조은경 작품과 함께 나의 작품도 실려 있다.

　군복무를 마치고 복학하여 『창작시대』 제4집에 참여하게 되었는데, 당시 문학회 회장은 우한용이었다. 얼굴이 기억나는 재학생의 작품에는, 김진경, 노유섭, 유자효, 박호영의 시와 우한용의 소설, 전영태의 평론이 눈에 띈다. 모두들 우리 문단의 큰 기둥 역할을 충실히 해 내고 있다. 앞으로 『창작시대』가 십시일반의 창간 정신으로 복간되어, 차세대를 이끌 많은 작가들을 배출할 수 있는 디딤돌 역할을 할 수 있기를 기대해 본다.

내가 걷는 문학의 길

　제38회 '시문학상'을 받으면서, 내가 걷고 있는 문학의 길을 살펴보는 좋은 계기가 되었다. 1971년 첫 시집 『시가 있는 마을』을 발간한 후, 경영학 분야에 오랫동안 종사하다 보니, 우리나라 문단에서 요구하는 공식 등단 절차는, 2001년 계간 『창조문학』을 통해 수필가로, 2002년 월간 『시문학』을 통해 시인으로, 2015년에는 계간 『시와시학』을 통해 평론가로, 2017년에는 월간 『한국소설』을 통해 소설가로 등단하게 되었다. 그러나 '시와 평론'이 내 문학의 큰 기둥 혹은 주춧돌이라고 할 것이다. 우리나라에서는 장르 구분이 엄격하다고 하나 대부분의 세계적 문인들은 장르를 넘나들고 있다.
　나는 어떤 '운동'이나 '주의(主義)'에 매몰되지 않으려고 노력한다. 아서 단토는 『예술의 종말 이후』에서 르네상스 패러다임으로부터의 해방을 주문하고 있다. 즉 예술의 종말은 '운동'들의 종말과 '선언문'들의 종말을 의미하며, 이는 예술이 취해야 할 역사적 방향 같은 것은 더 이상 존재하지 않는다는 것, 어떠한 방향도 나머지 다른 방향들보다 우월하지 않다는 것을 의미한다.

나에게는 참으로 반가운 말이었다. 모든 선진들의 발자취를 아우르고 정제하면서, 나에게 맞는 예술의 길을 추구해도 좋다는 뜻으로 받아들일 수 있기 때문이다. 때로는 순수예술, 때로는 현실참여, 때로는 초현실주의, 때로는 합리주의 등, 작품을 쓸 때마다, 내가 속한 시간과 공간 속에서의 호흡을 담고자 했다. 이러한 시도를 담은 시집 『무제2018』(시와시학, 2018)에서는 어설픈 대로, 넓은 의미의 표현주의의 미술, 대위법 등의 음악기법, 미니멀리즘, 판타지문학, 디지털 포엠 등 여러 가지 주변 예술의 담장을 넘겨다보았다.

앞으로 '지성으로 정제한 맑은 서정'으로, 가능한 쉽게 쓰려고 노력할 것이다. 독자들마다, 그리고 그 작품을 쓴 나조차도, 읽을 때마다 다양한 해석이 가능하도록, 말하자면 쉬운 추상화를 그리듯 말이다. 나는 호안 미로의 그림을 좋아한다. 그런 시를 쓰고 싶다.

지금까지의 내가 쓴 시들을 정리해 보면, 기독교 신앙에 관한 시집은 『사랑의 보부상』(시문학사, 2004)과 『나는 어디에 있는가』(창조문예, 2012)가 있고, 미술과 관련된 시집으로는 『무제2018』(명화를 대상으로 쓴 시 모음)과 『아침에 읽는 시』(문인화 도록 겸 시집)(시문학사, 2018)가 있으며, 나머지 네 권의 시집, 『뼛속에 부는 바람』(한천, 2002), 『달빛나무』(시문학사, 2006), 『사랑을 체납한 환쟁이』(시와시학, 2014), 『가면무도회』(퍼플, 2021)는 내 삶의 '지금-여기'에 대한 은유로 채워져 있다. 시선집 『내가 그리는 그림』(시선사, 2021)도 출간했다. 장편 시극집 『하늘을 나는 물고기』(시문학사, 2021)가 있다.

1976년 학부 졸업 후, 기업에 십여 년 몸담고 있었던 것이 계기가 되어, 1979년부터 중앙대 대학원에서의 경영학 공부를 시작으로 2014년 경영학 교수로 정년퇴임할 때까지, 경영학 관련 서적과 논문 쓰기를 통해 경영학적 필법에 익숙해져 있었다. 학술 관련 글에서는 나무를 보되 뿌리와 줄기와 열매 같은, 핵심적인 요소에 치중하는 한편, 예술에서는 한두 개 없어도 그만인 많은 이파리는 물론, 그 나무가 존재하는데 필요한 땅과 하늘과 바람까지도 품어야 한다. 그럼에도 나는 작품을 쓸 때마다 나름대로 끊임없이 "이 단어는 없어도 되지 않은가?"라는 시각에서 쓰다 보니, 소설을 쓸 때조차도 단어 하나하나가 그 소설을 위해 존재해야 할 필요성이 없다 싶으면, 마치 가지나 나뭇잎을 제거하듯 했다. 그 결과 많은 작품들이 감성보다는 이성에 의존하는 결과를 가져왔다. 나는 문학박사 논문을 쓰던 중에 만난 들뢰즈의 저서들을 정독하면서, "철학은 개념을 통한 사유이고, 과학은 함수를 통한 사유이며, 예술은 감각을 통한 사유"라는 말에 무릎을 쳤다.

　내가 평론가로서, 해설이나 평론을 쓸 때 유념하는 점은, 즐거움과 경건이다. 무엇보다 평론을 쓰기 위해서는 일반 독자보다 시를 깊이 읽는 즐거움을 갖게 된다. 좋은 작품을 찬찬히 읽는 즐거움을 갖기 위해 평론가가 되려 했다.
　문예사조를 돌아보면, 역사주의 비평에서는 작가에 대한 깊은 연구가 있으나 작품에 대한 연구가 빈약했다. 이에 대한 반동으로 신비평이 등장했다. 요즘도 그런 경향이 남아있다. 얼마 전 어떤 출판기념회에 갔는데, 그 작품에 대한 이야기는 없었고 오직 작가에 대한 이야기가 대부분이었다. 어떤 평설을 읽어보면 작가에 대한 이야기에 너무 많은 지면을 할애하고 있다. 작가에 대한 이야기는, 작품을 이해하기 위한 최소한의 수준에 머물러야 할 것이다.

다음으로 평론가로서 자세는, 항상 작품을 경건하게 대하려고 노력한다는 것이다. 어떤 작품이 발표되기 전, 예를 들면, 합평할 때는 단점을 이야기할 수가 있다. 그러나 일단 인터넷이든 잡지에든 발표된 후에는, 그 작품은 예술가가 혼신을 다해 내놓은 결과물이기 때문에, 발표된 작품을 대할 때는 경건하지 않을 수 없다. 모든 예술작품은 나름의 가치가 있기 때문에 평자나 독자의 선호가 있을 뿐, 절대적인 좋고 나쁨은 없다. 특히 앞에서 언급한 아서 단토의 책을 읽고 이러한 나의 생각에 확신을 갖게 되었다.

지금까지 출판된 나의 평론집은 한국출판문화진흥원의 지원을 받아 출간한 『예술 융·복합 시대의 시문학』(시와시학, 2018)과 『문학의 담장 허물기』(시문학사, 2021), 그리고 영국의 대표적인 시인과 수필가의 작품을 감상한 『영국문학의 오솔길』(시문학사, 2012)이 있다.

그밖에 경영경제 칼럼집으로 『경영의 샘』(도서출판 두남, 2010), 수필집으로 『사랑나무 숲에서 부자꿈꾸기』(도서출판 두남, 2002), 『문학의 향기 속으로』(시문학사, 2012), 『기독교성지와 토속신들의 무대』(창조문학, 2013), 『아침화단의 행복』(시문학사, 2014), 『화폭에서 시를 읽다』(시문학사, 2018) 그리고 이번 수필집 『자연 속의 낮은음자리표』(교음사, 2022)가 있다.

전원생활의 불편한 즐거움

전원생활에는 장단점이 있는데, 못 간 사람은 가고 싶은 욕망이 있고, 몸 담고 있는 사람은 그렇게 농촌 생활이 만만한 것은 아니다. 물론 남들이 궂은일을 다 해 주는 별장 개념의 주말농장이라면 낭만스러울 수도 있다. 그러나 막연한 낭만에 이끌리어 덜컹 짐 싸서 호기롭게 농촌에 갔던 사람들은 콧노래를 부르며 살기에는 어려움이 많다. 잡초와 해충들과의 전쟁은 물론 가뭄과 장마의 뒤치다꺼리도 이겨내야 하고, 주민들의 텃세를 잘 극복하고 어울릴 수 있는 성격이어야 한다. 그러나 무엇보다 농장의 참맛을 즐길 수 있는 사람은 자연에 순응하며 살 수 있는 성격이 필요하다. 도시에서 태어나 도시에서 자란 깔끔떠는 사람은 농촌의 불편을 이기기 어렵다.

농사는 심는 시기와 거두는 시기가 정확히 지켜져야 하고, 거름을 땅의 속성과 작물의 성장 시기에 따라 적절하게 공급해야 한다. 작물마다 적합한 토질이 있어, 맞지 않는 경우 자라다가 죽기도 한다. 나의 작은 농장 심재원(心齋園)에서는 감나무와 복숭아나무가 잘 자라지 않는다. 열매가 잘 열렸나 싶더니 그 이듬해 죽기를 반복했다. 모든 작물이 세심하게 돌보지 않으면 제대로 된 농장을 유지하기 어렵다.

도연명의 『귀거래사』와 예이츠의 「이니스프리의 호수 섬」은 최소한 먹고사는 문제 해결에 급급하지 않은 사람들의 낭만어린 이야기가 아닐까도 싶다. 우리나라 어느 정치인이 우선 먹고사는 것에 얽매여 살고 있는 사람에게, 자유는 먼 나라 이야기라고 했다가 여론의 질책을 받은 바가 있다. 요즘 세상에 문학도 미술도 음악도 호구지책에 허덕이는 사람에게 무슨 의미가 있을까 싶다. 최소한의 기초생활이라도 갖추어졌어야 자유니 예술이니 하는 단어가 눈에 들어올 것이다. 경제 수준과 교육 수준이 어느 정도에 이르러야 인간다운 삶이 가능한 것이 현실이다.

정치는 가능한 모든 국민의 수준을 어느 정도 끌어올려 여유와 예술을 향유할 수 있도록 해야 하는데, 아직도 말로만 민생을 자주 들먹이지 자기 패거리들 권력다툼에 몰두하고 있다. 국민을 위한, 국민에 의한, 국민의 정치는 아직 먼 이야기인 듯싶다. 하기야 자기 패거리도 국민이고 자기 가족도 국민이고 심지어 자신도 국민이라면 할 말이 없다. 지금까지 기록된 역사도 기록된 문화와 예술도 대부분 모두 승자에 대한 이야기이고 패자는 승자를 위한 참고자료로 등장할 뿐이라면 너무 비참한 이야기가 될지 모르지만, 거짓말로 먹고사는 대부분의 정치인 외에는 모두 동의하는 사실이 아니겠는가 싶다.

예이츠(William Butler Yeats, 1865-1939)의 「이니스프리의 호수 섬 (The Lake Isle of Innisfree)」은 농촌생활의 기억을 가지고 있던

사람이, 도회지를 떠나 살다가, 자연으로 돌아가고 싶은 마음을 노래한 시다.

> 나 지금 일어나 가려네, 가려네, 이니스프리로
> 거기 싸리와 진흙으로 오막살이를 짓고
> 아홉이랑 콩밭과 꿀벌통 하나
> 그리고 벌들이 윙윙거리는 속에서 나 혼자 살려네.
>
> 그리고 거기서 평화를 누리려네. 평화는 천천히 물방울같이 떨어지리니
> 어스름 새벽부터 귀뚜라미 우는 밤까지 떨어지리니
> 한밤중은 훤하고 낮은 보랏빛
> 그리고 저녁때는 홍방울새들의 날개소리
>
> 나 일어나 지금 가려네, 밤이고 낮이고
> 호수의 물이 기슭을 핥는 낮은 소리를 나는 듣나니
> 길에 서 있을 때 나 회색빛 포도(鋪道) 위에서
> 내 가슴 깊이 그 소리를 듣나니.
> – 예이츠, 피천득 역, 「이니스프리의 호수 섬」, 『내가 사랑하는 시』 전문.

내가 수년 전 영문학 기행 중에 몇일 머물렀던 아일랜드 슬라이고(Sligo) 지방의 락길(Lough Gill) 호수에 있는 이니스프리섬은 참으로 평화로웠다. 시인이 어린 시절을 보낸 적이 있어, 런던 거리를 걷다가 물방울 떨어지는 소리를 듣고 이 호수를 떠올리면서 그리워하고 있다.

예이츠의 시는 귀향을 원하고 있다면, 김상용의 「남으로 창을 내겠소」는 이미 귀향하여 지내고 있는 전원생활을 노래하고 있다. 서울에서 대학교수로 오래 살았던 김상용의 삶으로 미루어 실제 화자와 시인은 괴리되어 있다고 할 수 있겠다. 물론 대학교수의 생활이 그리 빡빡한 것이 아니니 아마도 자주 시골생활에 젖어 이 시를 썼겠다는 것을 추정할 수는 있다.

> 남(南)으로
> 창(窓)을 내겠소.
>
> 밭이 한참갈이
> 괭이로 파고
> 호미론 김을 매지요.
>
> 구름이 꼬인다
> 갈 리 있소.
>
> 새 노래는 공으로 들으랴오.
>
> 강냉이가 익걸랑
> 함께 와 자셔도 좋소.
>
> 왜 사냐건
> 웃지요.
>
>   - 김상용, 「남으로 창을 내겠소」, 『망향(望鄕)』, 전문.

이 시의 화자는 남쪽으로 창을 낸 시골 집에서 농사지으며 살고 있는데, 도시의 편리함이 부르는 유혹에도 흔들림이 없다. 오히려 농촌에 와서 전원생활의 참맛을 즐겨 보자고 제안한다. 어떤 친구가 찾아와 이런 답답하고 불편한 농촌에서 왜 사느냐고 물으면 웃음으로 답할 뿐이다.

나의 농장 심재원의 서재에서 남쪽 창문을 열면 장미원이 눈에 들어온다. 장미원 옆에 손주들의 농촌 체험을 위해 옥수수도 몇 그루 심어, 이번 여름에 실제 옥수수를 따서 껍질을 벗기고 삶은 것을 먹는 즐거움을 맛보였다. 아무리 어려도, 아름다운 새소리가 있고, 다양한 색깔과 크기의 꽃들이 웃고 있으며, 손수 딴 강냉이의 맛을 즐기면서 전원생활의 정취를 조금은 느꼈으리라.

도시에 태어나 도시 생활에 익숙한 아내는 손주보다 일찍 싫증을 내고 불편한 농촌에 왜 사냐고 투덜댄다. 나는 이 시의 화자처럼 웃지는 못하고 면박을 주었다. 여기서 생산하는 채소와 과일과 달걀은 무기농으로 햇볕을 직접 받아 영양 덩어리라고 말해도, 맛이 없고 부드럽지 못한데, 요즘같이 편리한 세상에 불편한 농촌에 오래 머물고 싶지 않다고 하여 주말농장처럼 되어 버렸다. 역시 농촌이나 산촌 생활의 안분지족(安分知足)의 인생관은 누구에게나 주어지는 복은 아닌가 보다.

창조주의 설계도에 따라
꽃은 피고 지고
열매는 주어진 본분에 충실한
크기와 맛으로 익어가고

닭은 참새에게 먹이를 양보하며
함께 어울리고
붕어와 수련이 나누는
무언의 정겨움

몸과 마음에 가득한 먼지를 털어낸다
- 김철교, 「심재원 식구들」 전문.

 불편함과 이웃이 될 줄 알아야 농촌생활이 즐겁다. 벌레에 물려 가렵고, 화단에 잡초들이 비 온 후에는 기승을 부리고 있는 것과 참을성 있게 친해져야 한다. 마트에서 손쉽게 사 먹을 수 있는, 하우스에서 계절에 관계없이 자라고, 깨끗하게 다듬어진 채소의 연한 맛에 젖어 있는 사람들에게는, 아무리 건강에 좋다고 해도 햇빛과 바람에 단련된 제철 과일의 쫄깃하고 새콤한 맛이 어지간해서는 입에 맞을 리 없다.

 오랜만에 비가 내리면 뛸 듯이 기뻐하는 화초들의 춤을 즐길 수 있어야 한다. 시끄러운 개구리 울음소리가 빗방울 소리와 어울린 아름다운 자연의 합창으로 들려야 한다. 가을에는 내년을 준비하는 화초의 부산떠는 모습과 익어가는 과일의 향취를 음미할 수 있어야 한다. 겨울에는 하얀 눈이 만들어 낸 자연 캔버스에 빨간 그림을 그리고 있는 까치밥을 어떤 그림보다 사랑할 줄 알아야 한다.

자연 속의 낮은음자리표

2022년 12월 1일 초판 인쇄
2022년 12월 5일 초판 발행

지은이 / 김철교

발행인 / 강병욱
발행처 / 도서출판 교음사
편   집 / 월간 수필문학 편집부

03147 서울 종로구 삼일대로 457 수운회관 1308호
Tel (02) 737-7081, 739-7879(Fax)
e-mail : gyoeum@daum.net
등록 / 제2007-000052호

* 잘못된 책은 바꿔 드립니다. 값 15,000원

ISBN 978-89-7814-877-1 03810

- 이 책 내용의 전부 또는 일부를 재사용하려면 저작권자와 교음사의 동의를 받아야 합니다.
  지은이와의 협의 하에 인지는 생략합니다.